最新法律文件解读丛书

商 事
法律文件解读

SHANGSHI FALÜ WENJIAN JIEDU

人民法院出版社 编

总第234辑 2024.06

人民法院出版社

图书在版编目（CIP）数据

商事法律文件解读．总第234辑 / 人民法院出版社编．
北京 ： 人民法院出版社， 2024．9．-- （最新法律文件解
读丛书）．-- ISBN 978-7-5109-4232-7

Ⅰ．D923.995

中国国家版本馆CIP数据核字第20244B6D66号

商事法律文件解读·总第234辑

人民法院出版社　编

责任编辑	路建华
出版发行	人民法院出版社
地　　址	北京市东城区东交民巷27号　邮编　100745
电　　话	(010)67550697(责任编辑)　67550558(发行部查询) 65223677(读者服务部)
客服QQ	2092078039
网　　址	http://www.courtbook.com.cn
E - mail	courtbook@sina.com
印　　刷	三河市国英印务有限公司
经　　销	新华书店
开　　本	787毫米×1092毫米　1/16
字　　数	115千字
印　　张	8
版　　次	2024年9月第1版　　2024年9月第1次印刷
书　　号	ISBN 978-7-5109-4232-7
定　　价	28.00元

卷首语

为完整准确全面贯彻新发展理念，加快构建新发展格局，统筹扩大内需和深化供给侧结构性改革，扩大服务业开放，着力提升服务品质、丰富消费场景、优化消费环境，国务院于 2024 年 7 月 29 日发布了《国务院关于促进服务消费高质量发展的意见》（以下简称《意见》）。本辑收录了《意见》及其答记者问文章，以帮助读者准确理解《意见》。

为确保公司法在全国法院统一正确适用，最高人民法院于 2024 年 6 月 29 日发布了《最高人民法院关于适用〈中华人民共和国公司法〉时间效力的若干规定》（以下简称《规定》）。继上辑收录《规定》之后，本辑重点收录了最高人民法院民二庭负责人就《规定》答记者问文章和《规定》的解读文章，以方便读者完整系统地理解《规定》。

在"新类型疑难案例选评"栏目，本辑收录了《广东骆驼服饰有限公司诉厦门市梦某旅途户外用品有限公司等侵害商标权纠纷案》一文。该案的裁判表明：对于严重侵害知识产权的行为，无论采用计量性方式还是裁量性方式确定赔偿数额，均可体现合理的惩罚。商标侵权纠纷中适用法定赔偿方式时，在权利人商标知名度较高、侵权人侵权恶意明显的情况下，可考虑惩罚性因素，在法定赔偿的幅度内就高确定赔偿金额，充分体现过罚相当的裁判导向。该案的裁判思路可供法官审理类似案件时参考。

最新法律文件解读丛书
编 辑 部

兰丽专　（010）67550626

丁丽娜　（010）67550608

杨晓燕　（010）67550508

杨　洁　（010）67550656

路建华　（010）67550697

丁塞峨　（010）67550656

投稿邮箱：

《刑事法律文件解读》　5184621@ qq. com

《民事法律文件解读》　1216921515@ qq. com

《商事法律文件解读》　shangshijiedu@ 126. com

《行政与执行法律文件解读》　1290312696@ qq. com

目录

指导案例、典型案例与解读

法答网精选答问

新类型疑难案例选评

最新立法、司法动态

行政法规、法规性文件与解读

国务院
关于促进服务消费高质量发展的意见

2024 年 7 月 29 日　　　　　　　　　　国发〔2024〕18 号

各省、自治区、直辖市人民政府，国务院各部委、各直属机构：

为优化和扩大服务供给，释放服务消费潜力，更好满足人民群众个性化、多样化、品质化服务消费需求，现提出以下意见。

一、总体要求

以习近平新时代中国特色社会主义思想为指导，全面贯彻落实党的二十大和二十届二中、三中全会精神，完整准确全面贯彻新发展理念，加快构建新发展格局，统筹扩大内需和深化供给侧结构性改革，扩大服务业开放，着力提升服务品质、丰富消费场景、优化消费环境，以创新激发服务消费内生动能，培育服务消费新增长点，为经济高质量发展提供有力支撑。

二、挖掘基础型消费潜力

(一) 餐饮住宿消费。提升餐饮服务品质，培育名菜、名小吃、名厨、名店。鼓励地方传承发扬传统烹饪技艺和餐饮文化，培育特色小吃产业集群，打造“美食名镇”、“美食名村”。办好“中华美食荟”系列活动，支持地方开展特色餐饮促消费活动。鼓励国际知名餐饮品牌在国内开设首店、旗舰店。提升住宿服务品质和涉外服务水平，培育一批中高端酒店品牌和民宿品牌，支持住宿业与旅游、康养、研学等业态融合发展。依法依规盘活农村闲置房屋、集体建设用地，发展乡村酒店、客栈民宿服务。

（二）家政服务消费。支持员工制家政企业发展，畅通家政从业人员职业发展通道。深化家政服务劳务对接行动，推动家政进社区，增加家政服务供给。实施家政服务员技能升级行动，推进家政服务品牌建设，打造巾帼家政服务品牌。指导制定家政服务公约，优化家政服务信用信息平台和“家政信用查”功能，推行电子版“居家上门服务证”。

（三）养老托育消费。大力发展银发经济，促进智慧健康养老产业发展，推进公共空间、消费场所等无障碍建设，提高家居适老化水平。加快健全居家社区机构相协调、医养康养相结合的养老服务体系，开展居家和社区基本养老服务提升行动，推动职业院校加强人才培养。多渠道增加养老托育服务供给，支持依法依规利用空置场地新建、改扩建养老托育机构，推动降低运营成本。结合老旧小区改造、完整社区建设、社区生活圈建设、城市社区嵌入式服务设施建设，优化家政、养老、托育、助餐等服务设施布局。严格落实新建住宅小区与配套养老托育服务设施同步规划、同步建设、同步验收、同步交付要求。实现养老托育机构用水、用电、用气、用热按居民生活类价格执行。支持金融机构优化风险管理，积极提供适合普惠性养老托育机构项目资金需求特点的金融产品和服务。

三、激发改善型消费活力

（四）文化娱乐消费。深入开展全国文化和旅游消费促进活动，持续实施“百城百区”文化和旅游消费行动计划。加强非物质文化遗产保护传承，开发具有地域和民族特色的文化创意重点项目。扩大文化演出市场供给，提高审批效率，增加演出场次。丰富影片供给，支持以分线发行等差异化模式发行影片，促进电影关联消费。提升网络文学、网络表演、网络游戏、广播电视和网络视听质量，深化电视层层收费和操作复杂治理，加快超高清电视发展，鼓励沉浸体验、剧本娱乐、数字艺术、线上演播等新业态发展。

（五）旅游消费。加强国家文化和旅游消费示范城市建设，推动国家级夜间文化和旅游消费集聚区创新规范发展，实施美好生活度假休闲工程和乡村旅游提质增效行动。推进商旅文体健融合发展，提升项目体验性、互动性，推出多种类型特色旅游产品，鼓励邮轮游艇、房车露营、低空飞行等新业态发展，支持“音乐+旅游”、“演出+旅游”、“赛事+旅游”等融合业态发展。增开银发旅游专列，对车厢进行适老化、舒适化改造，丰富旅游线路和服务供给。鼓励各地制定实施景区门票优惠、淡季免费开放等政策。提升交通运输服务品质，完善立体换乘、汽车租赁等服务，便利旅客出行。优化入境政策和消费环境，加快恢复航班班次，提供多样化支付服务，研究扩大免签国家范围，深化文化旅游年活动。

（六）体育消费。盘活空置场馆场地资源，引导社会力量依法依规改造旧厂房、仓库、老旧商业设施等，增加体育消费场所。鼓励举办各类体育赛事活动，创建具有自主知识产权的赛事品牌，申办或引进有影响力的国际顶级赛事，培育专业化运营团队。引导各地推出特色鲜明的群众性体育赛事活动。积极发展冰雪运动，持续推动冰雪运动在全国普及发展。深化促进体育消费试点工作，培育一批国家体育产业和体育旅游发展载体。

（七）教育和培训消费。推动高等院校、科研机构、社会组织开放优质教育资源，满足社会大众多元化、个性化学习需求。推动职业教育提质增效，建设高水平职业学校和专业。推动社会培训机构面向公众需求提高服务质量。指导学校按照有关规定通过购买服务等方式引进具有相应资质的第三方机构提供非学科类优质公益课后服务。鼓励与国际知名高等院校在华开展高水平合作办学。

（八）居住服务消费。鼓励有条件的物业服务企业与养老、托育、餐饮、家政等企业开展合作，发展“物业服务+生活服务”模式。推广智能安防、智慧停车、智能门禁等新模式，提升社区服务水平和居住体验。培育提供改造设计、定制化整装、智能化家居等一站式、标准化产品和服务的龙头企业。鼓励有条件的地区支持居民开展房屋装修和局部改造。

四、培育壮大新型消费

（九）数字消费。加快生活服务数字化赋能，构建智慧商圈、智慧街区、智慧门店等消费新场景，发展“互联网+”医疗服务、数字教育等新模式，加快无人零售店、自提柜、云柜等新业态布局，支持电子竞技、社交电商、直播电商等发展。加快建设和升级信息消费体验中心，推出一批新型信息消费项目。开展数字家庭建设试点，更好满足居民家居产品智能化服务和线上社会化服务需求。

（十）绿色消费。建立健全绿色低碳服务标准、认证、标识体系，完善绿色设计标准，提升绿色服务市场认可度和企业效益。推广应用先进绿色低碳技术，完善能效水效标识管理，提高家装、出行、旅游、快递等领域绿色化水平。

（十一）健康消费。培育壮大健康体检、咨询、管理等新型服务业态。推进“互联网+医疗健康”发展，尽快实现医疗数据互联互通，逐步完善“互联网+”医疗服务医保支付政策。鼓励开发满足多样化、个性化健康保障需求的商业健康保险产品。进一步推进医养结合发展，支持医疗机构开展医养结合服务。支持中医药老字号企业发展，提升养生保健、康复疗养等服务水平。强化零售药店健康促进、营养保健等功能。

五、增强服务消费动能

（十二）创新服务消费场景。开展服务消费提质惠民行动。围绕贴近群众生活、需求潜力大、带动作用强的重点领域开展服务消费季系列促消费活动。推动步行街改造提升，加快城市一刻钟便民生活圈建设，完善县域商业体系，健全城乡服务消费网络，丰富农村生活服务供给，提升服务供给能力和消费能级。

（十三）加强服务消费品牌培育。探索开展优质服务承诺活动。支持服务业企业加强品牌培育、运营和保护，发挥中华老字号和特色传统品牌引领作用，培育一批服务质量好、创新动能足、带动作用强的服务业品牌。

（十四）扩大服务业对外开放。依托国家服务业扩大开放综合示范区、国家服务贸易创新发展示范区等平台，主动对接国际高标准经贸规则。放宽服务业市场准入，持续深化电信、教育、养老、医疗、健康等领域开放，推动科技服务、旅游等领域开放举措全面落地。办好中国国际进口博览会、中国国际服务贸易交易会等展会，吸引更多国际知名企业投资、更多服务业态落地。

六、优化服务消费环境

（十五）加强服务消费监管。强化跨部门联合监管，严厉打击虚假广告、网络欺诈、泄露信息等行为。鼓励社区、商场、景点、平台企业设立消费维权服务站，促进消费纠纷源头解决。探索恶意索赔处置工作机制，打击以投诉举报为名的敲诈勒索行为，维护良好营商环境和经营者合法权益。

（十六）引导诚信合规经营。依托“信用中国”网站和国家企业信用信息公示系统，上线“信誉信息”板块，加强对相关经营主体登记备案、行政许可、行政处罚等信用信息的归集、公示，引导更多经营主体守信重信。加强服务质量监测评价，完善评价指标体系，定期发布监测评价结果，鼓励第三方机构开展服务消费评价。

（十七）完善服务消费标准。优化服务业标准化布局，培育服务业标准化品牌。制修订服务消费相关标准，完善文化、旅游、餐饮住宿、家政服务、养老托育、家居家装、商务服务等领域标准，研制数字消费、绿色消费、健康消费等新型消费标准。加强服务消费领域认证制度建设。

七、强化政策保障

（十八）加强财税金融支持。鼓励有条件的地区利用现有资金渠道并积极引导社会投资，支持生活服务数字化赋能、产业集群和集聚区培育、公共服务平台建设和标准化建设等。鼓励政府性融资担保机构为符合条件的服务业小微企业和个体工商户提供融资增信支持。引导金融机构优化信贷产品、提供差异化服务，按照风险可控、商业可持续原则，加大对服务消费重点领域信贷支持力度，增加适应共享经济等消费新业态发展需要的金融产品供给。推动商业健康保险与健康管理深度融合，丰富商业长期护理保险供给。落实3岁以下婴幼儿照护、子女教育、赡养老人等个人所得税专项附加扣除政策。

（十九）夯实人才队伍支撑。持续完善相关学科专业设置和培养方案，加强产教融合、校企合作、工学结合，“订单式”培养服务业紧缺人才。鼓励普通高校、职业院校和企业合作共建开放型区域产教融合实践中心，培育复合型、应用型、技能型服务业人才。完善服务业人才职称评审、职业资格评价、职业技能等级认定等多元化评价方式。鼓励地方发布服务业重点领域“高精尖缺”人才目录和认定标准，完善落户、购房、子女入学、配偶就业等优惠政策。做好服务业新职业和职业标准开发工作。开展生活服务招聘季活动，扩大人才供给。

（二十）提升统计监测水平。优化服务消费市场统计监测方法，健全统计监测制度。加强服务消费数据收集和分析预测，做好服务零售额统计工作。拓展统计监测数据来源，加大与第三方支付平台、研究机构合作力度，探索构建适合的应用模型。

各地区、各部门和有关单位要坚决落实党中央、国务院决策部署，推动各项任务落实落细。商务部要会同有关部门发挥促进服务消费发展工作协调机制作用，强化统筹谋划，制定专项政策举措，共同促进服务消费高质量发展。

（本文有删减）

商务部等有关部门负责人就《国务院关于促进服务消费高质量发展的意见》答记者问①

国务院新闻办公室于2024年8月9日举行新闻发布会，请商务部、国家发展和改革委员会、民政部、文化和旅游部负责人介绍《国务院关于促进服务消费高质量发展的意见》（以下简称《意见》）有关情况并回答记者提问。

问：《意见》是我国首次专门就服务消费发展作出系统全面部署的政策文件，能否具体介绍一下《意见》有哪些特点？

答：出台《意见》是落实党的二十届三中全会精神的一个重要举措，主要目的是通过优化和扩大服务供给，释放服务消费潜力，更好满

① 编者根据《国务院新闻办就〈国务院关于促进服务消费高质量发展的意见〉有关情况举行发布会》（载国务院网站，https：//www.gov.cn/lianbo/fabu/202408/content_6967457.htm）一文整理。

足人民群众个性化、多样化、品质化服务消费需求。这个文件有三个方面的特点。

第一是突出顶层设计。《意见》统筹扩大内需和深化供给侧结构性改革，扩大服务业开放，着力提升服务品质、丰富消费场景、优化消费环境，以创新激发服务消费内生动能，提出了一系列具有针对性、前瞻性和可操作性的政策措施，为服务消费高质量发展提供指引和支撑。

第二是聚焦民生福祉。《意见》坚持以人民为中心的发展思想，把满足人民群众日益增长的美好生活需要作为出发点和落脚点，围绕餐饮住宿、家政服务、养老托育、文娱旅游、教育体育、居住服务、健康服务等与人民群众生活密切相关的领域，提出务实举措。比如，提升餐饮服务品质，培育“名菜”“名小吃”“名厨”“名店”；指导制定家政服务公约，推行电子版“居家上门服务证”；加快健全居家社区机构相协调、医养康养相结合的养老服务体系；增开银发旅游专列，对车厢进行适老化、舒适化改造，丰富旅游线路和服务供给；鼓励有条件的物业企业与养老、托育、餐饮、家政等企业开展合作，发展“物业服务+生活服务”模式；逐步完善“互联网+”医疗服务医保支付政策；等等。

第三是坚持问题导向。针对高品质服务供给不足和群众关心的服务质量问题，《意见》提出：开展服务消费提质惠民行动；探索开展优质服务承诺活动；支持服务业企业加强品牌培育、运营和保护；加强服务质量监测评价，定期发布监测评价结果。针对消费环境不优问题，《意见》提出：强化跨部门联合监管，严厉打击虚假广告、网络欺诈、信息泄露等行为；鼓励社区、商场、景点、平台企业设立消费维权服务站，促进消费纠纷源头解决；加强对相关经营主体登记备案、行政许可、行政处罚等信用信息的归集、公示。针对服务人才短缺痛点，《意见》强调：加强产教融合、校企合作、工学结合，“订单式”培养服务行业紧缺人才；做好服务业新职业和职业标准开发工作；开展“生活服务招聘季”活动，扩大人才供给。

问：当前，我国正处在服务消费较快增长阶段，服务消费成为居民消费的重要增量来源。请问国家发展和改革委员会为促进养老、育幼、文旅、家政等服务消费重点领域发展做了哪些工作？下一步还将从哪些方面发力？

答：为扩大养老托育、文旅体育、家政服务等重点领域服务消费，国家发展和改革委员会结合职能，主要开展了三方面工作。

第一，聚焦堵点痛点，提升“一老一小”服务水平。国家发展和改革委员会为更好满足老年人多层次多样化服务消费需求，牵头编制并报请印发《国务院办公厅关于发展银发经济增进老年人福祉的意见》。综合利用中央预算内投资、地方政府专项债券、普惠养老专项再贷款等资金渠道，支持养老托育服务体系设施建设。

第二，补短板强弱项，支持文旅体育设施设备提质升级。组织实施了“十四五”文化保护传承利用工程，安排中央预算内投资支持符合条件的文化旅游项目，补齐通景道路、旅游厕所、停车场、充电设施等重点基础设施短板；在大规模设备更新和消费品以旧换新的工作当中，牵头出台《推动文化和旅游领域设备更新实施方案》，实施观光游览设施更新提升等八大行动，将符合条件的重点项目纳入超长期特别国债等资金支持范围；加强体育公园和社会足球场地建设，改善全民健身场地设施条件。

第三，推动转型发展，提升家政服务供给质量。部署开展了家政服务质量提升十大行动，牵头深化家政产教融合、家政进社区等专项行动，围绕降成本、规范化、高质量三方面重点，加快家政服务业从中介制向员工制转型，推动家政职业化发展。

下一步，我们将把服务消费作为消费扩容提质的重要抓手，充分发挥中央预算内投资等中央资金的引导和带动作用，积极支持服务消费重点领域发展；推进实施城市社区嵌入式服务设施建设工程，将生活服务嵌入到社区，更好满足群众“家门口”“楼底下”的优质普惠服务需求；打造龙头企业和服务品牌，以优质供给引领消费需求提质升级。

问：《意见》提出了六大类 20 项重点任务，其中有多项涉及文化和旅游消费，请问 2024 年以来，文化和旅游消费有什么特点？接下来会采取哪些促消费措施？

答：文化和旅游消费与人民美好生活息息相关。2024 年以来，假日旅游人潮涌动，消费活力加速释放，文旅经济红红火火，文化和旅游消费呈现以下几个突出特点：一是融合发展更加深入，沉浸式体验、亲子研学、避暑消夏、博物馆游等持续升温，跟着演出去旅行、跟着赛事去旅行成为越来越多游客的选择。《繁花》《我的阿勒泰》热播，又带动更多的人跟着影视去旅行。二是更加注重文化内涵和深度体验。在品味文化、畅享旅途中获得情感共鸣，实现情绪价值，增添了舒心暖人的生活气息，也营造了欢乐祥和的社会氛围。三是文旅服务更加优质高效，消费环境持续优化。比如，哈尔滨带火了东北旅游，以贴心周到的服务让游客感受到了宾至如归。

当前正值暑期，文旅精彩纷呈，消费热度持续攀升，夏日经济新活力不断释放。围绕这次《意见》提出的涉及文化和旅游的重点任务，文化和旅游部将从三个方面重点发力，发挥好文旅消费促增长、惠民生的作用。

在丰富消费惠民活动举措方面。我们持续开展全国文化和旅游消费促进活动，鼓励各地制定实施景区门票优惠、文旅消费券、满减优惠等多样化惠民举措，让百姓真受益，让企业得实惠。推进文旅融合及与相关产业融合发展，优化消费惠民活动举措，与促进餐饮、住宿、体育、数字、绿色、健康消费等一体推进，创新文旅消费场景，丰富个性化、定制化产品供给，满足多样化消费需求。

在提升文旅产品供给质量方面。扩大文化演出市场供给，推出更多精品演艺项目。加强非物质文化遗产保护传承，开发具有地域和民族特色的文化创意项目。实施美好生活度假休闲工程和乡村旅游提质增效行动。丰富数字文化产品供给，加快发展沉浸体验、剧本娱乐、数字艺术、线上演播、邮轮游艇、房车露营、低空飞行等新业态。推动文化产业赋能乡村振兴和城市发展。

在优化文化和旅游消费环境方面。开展文化和旅游领域大规模设备更新工作，提升文化和旅游项目建设运营水平和消费体验。宣传用好免签政策，提升支付便利化水平，增加多层次、高品质的入境旅游产品和服务供给，引导各地统筹好文旅消费和文明建设，落实安全生产责任制，提升旅游服务质量，保障市场秩序，努力营造暖心、舒心、放心的消费环境，让大家在休闲度假、放松身心的同时，尽情感受山河之美、历史之美、文化之美。

问：在挖掘基础型消费潜力方面，面对养老等服务需求，接下来要如何从政策、行业、人才等方面给予支持？

答：2023 年底，我国 60 周岁及以上老年人口达到 2.97 亿人，占总人口比重达到 21.1%。随着我国人口老龄化程度不断加深，必将带来服务消费方面的深刻变化。优化和扩大养老服务供给，释放养老服务消费潜力，对于更好满足老年人多层次、多样化、个性化养老服务需求，切实提升老年人生活品质，让老年人安享幸福晚年具有重要意义。

近年来，民政部会同有关部门认真贯彻落实习近平总书记关于养老服务工作的重要指示批示精神，积极推动养老事业和养老产业协同发展，加大养老服务供给，提升服务质量，促进养老服务消费，取得明显成效。下一步，民政部将认真落实《意见》关于养老服务消费的部署要求，重点抓好四个方面工作。

围绕促进养老服务供需适配，进一步优化居家、社区、机构养老服务供给，推动助餐、助浴、助医、助洁、助行、助急和探访关爱等服务发展，开展居家适老化改造，建设家庭养老床位；加强乡镇（街道）区域养老服务中心、社区嵌入式养老服务机构建设，畅通区域内养老服务供需渠道，构建“一刻钟”养老服务消费圈；持续优化养老机构床位结构，支持护理型床位建设，增设认知障碍照护专区，提供专业照护服务。

围绕培育养老服务消费新场景新业态，创新“智慧+”养老新场景，运用智能技术为老年人提供更加精准的服务；发展“行业+”养老新业态，推动养老服务与物业、家政、医疗、文化、旅游、体育、教育等行业融合发展；拓宽“平台+”养老新渠道，借力平台经济优势，更好为老年群体提供便捷化、个性化养老服务。

围绕加强养老服务消费保障，增加养老服务设施有效供给，有效补齐老旧小区养老服务设施短板；深化老年用品推广应用，支持关键技术研发突破，壮大养老服务经营主体，推动形成养老服务品牌；持续加强养老服务人才队伍建设，推动人才素质规模与广大老年人养老服务需求相适应；推动加大财政金融支持力度，落实养老服务领域税费优惠政策，更好满足养老服务机构融资需求。

围绕优化养老服务营商和消费环境，加快建设高效规范、公平竞争、充分开放的养老服务市场，进一步鼓励和支持企业等社会力量参与提供养老服务；不断完善养老服务消费环境，加强养老服务消费市场监管，持续开展符合老年人身心特点的识骗防骗宣传活动，切实保障广大老年人合法权益。

问：家政服务业是促消费、惠民生的重要领域，这次《意见》也在家政服务消费方面提出了一些建议，请问商务部下一步将通过哪些举措让家政服务消费更加有活力？

答：家政服务业是重要的民生行业，与老百姓的生活紧密相关，可以说不仅是老百姓“小家”里的事，也是关系持续增进民生福祉的“国家大事”。2024年7月30日召开的中央政治局会议和这次国务院发布的文件，都提到了要支持家政服务消费，这也是对人民群众美好生活诉求的积极回应。下一步，商务部也将立足职能，会同相关部门，扩大服务供给、提升服务质量和优化服务环境三个方面，促进家政服务消费发展。

首先，针对家政服务需求日益增多的情况，我们将推动扩大家政服务供给，深入推进家政兴农行动，鼓励更多农村转移就业人口从事家政服务，特别是让农村转移劳动力可以出得来、留得住、干得好。同时，我们也积极会同相关部门深化家政劳务对接行动，2024年要开展生活服务招聘季的活动，组织有关家政企业开展带岗直播招聘，助力家政企业更精准地推荐家政服务岗位、提高招聘效率，进而提升整体家政服务的供给能力。

其次，针对社会上对家政服务质量期待越来越高的情况，我们也将会同相关部门，持续开展家政服务员技能升级行动，为家政服务员提供免费的线上培训，进而提升家政从业人员的职业技能和家政服务的质量。我们也将会同相关部门，加大工作力度，进一步健全家政服务的标准体系，推动制定若干关于家政服务领域高质量发展的国家标准。我们正在指导有关机构制定两项国家标准，一项是《0—3岁婴幼儿居家照护服务规范》，另一项是《母婴护理服务质量规范》。下一步，我们会指导家政行业组织和企业，推动制定一批团体标准和企业标准，持续提升家政服务标准化水平。

最后，针对群众关心的家政服务放心消费问题，我们下一步也会加快推进家政服务信用体系建设，引导更多家政服务员和消费者使用“家政信用查”小程序，强化信用信息的应用，依托“家政信用查”平台，推进电子版居家上门服务证，方便消费者直观查验，更加放心地消费。我们还将指导相关行业协会发布《家政服务公约》，倡导规范消费者、家政服务员和家政企业三方的行为，营造良好的家政服务消费环境。

问：《意见》提出扩大服务业对外开放，持续深化电信、教育、医疗、健康等领域开放，请问下一步将如何推进？

答：《意见》提出扩大服务业开放，实际上也是基于问题导向，针对高品质服务供给不足，还有群众关心的服务质量问题，希望能够通过扩大服务业开放，提升服务供给能力和服务水平，扩大服务消费规模。国际一流服务企业进入中国市场，不仅能为消费者提供更多优质服务，也能够有效激发经营主体活力，增强国内国际两个市场两种资源的联动效应，助力经济高质量发展。

商务部将会同相关部门，主动对接国际高标准经贸规则，选择市场需求大、有效供给不足的领域，分步、分类、分区域扩大开放，以开放优化供给、以供给创造需求，推动服务消费高质量发展。首先要稳步扩大领域开放，包括修订鼓励外商投资产业目录，推动扩大服务消费相关领域的条目，还有要合理缩减外资准入负面清单，推动电信、互联网、教育、文化、医疗等领域有序扩大开放，建立健全跨境服务贸易负面清单管理制度，提升跨境服务贸易的开放水平。其次要提升开放平台的效能，要推进国家服务业扩大开放综合试点示范，建设国家服务贸易创新发展示范区，党的二十届三中全会还要求实施自由贸易试验区提升战略，这都是我们做好扩大服务业对外开放的重要平台载体。要办好进博会、服贸会这些重大展会，促进更多服务业新业态落地。此外，还要打造"投资中国"品牌，举办一系列精品活动，促进招商对接和项目撮合，健全常态化、多层次招商机制，吸引更多服务消费新领域新赛道的外商投资。

问：《意见》提出要着力提升服务品质，丰富消费场景，优化消费环境，以创新激发服务消费的内生动能，培育服务消费新的增长点，为经济高质量发展提供有力支撑。请问服务消费场景的创新动力从何而来？主要有哪些积极因素？

答：促进服务消费是经济高质量发展和人民高品质生活的重要交汇点。近年来，服务消费的模式、业态、场景都不断创新，从发展机遇和趋势来看，大体有三方面的积极因素。

第一，人民对美好生活的向往带来服务消费升级需求。居民消费从实物消费向服务消费转变是消费升级的重要表现。2024年上半年，我国服务性消费支出占人均消费支出的比重达到45.6%，同比提高了1.1个百分点。从国际经验看，当人均国内生产总值超过1万美元时，消费升级的进程一般会显著加快。目前，我国人均国内生产总值已经超过了1.2万美元，随着收入水平的提高和中等收入群体规模的扩大，服务消费的扩容升级还有望进一步提速。

第二，人口结构的变化蕴含服务消费的创新动能。2023年，我国常住人口城镇化率达到了66.2%，仍处于城镇化的快速发展时期，农业转移人口的市民化，将带来教育培训、养老托育、居住服务等消费需求。“Z世代”等年轻消费者逐渐成为消费主力，骑行、滑雪、露营、观演这些悦己消费、沉浸体验消费越来越受到青睐。老年助餐、居家助老、养老照护等服务业态也逐渐丰富，既帮助老年人及其子女解决急难愁盼问题、提高生活品质，也孕育着服务消费的新机遇。

第三，科技创新创造服务消费的新供给。当前，科技革命和产业变革加速演进，新技术手段不断涌现。送餐、教育、医疗等服务机器人不断迭代升级，2024年上半年，服务机器人产量同比增长22.8%。“互联网+”医疗服务、数字教育等新模式稳步发展，电子竞技、社交电商、直播电商等新业态快速成长，为消费者提供了更加丰富、多样、便利的消费选择。

下一步，我们将围绕三个主题词，不断增强服务消费创新动能。第一个主题词是“培育”。国家发展和改革委员会2024年6月牵头制定出台了《关于打造消费新场景培育消费新增长点的措施》，把消费场景的数字化、智能化作为重点引导和鼓励方向，在推动这些政策快落地见实效的同时，我们还将把服务消费场景创新升级纳入下一步会同有关部门开展的“百佳消费新场景”活动之中。第二个主题词是“融合”。要推动商业、交通、文化、旅游、体育等多种服务业态创新融合，推进先进制造业和现代服务业深度融合，推进农村一二三产业融合发展，增强服务消费发展动能。第三个主题词是“激活”。持续建设市场化、法治化、国际化一流营商环境，完善促进民营企业高质量发展体制机制，支持服务类企业轻装上阵搞创新、精益求精创品牌，在创新发展中更好满足消费需求。

问：举办特色活动和发放消费券等举措是提振消费的有力措施。《意见》中提出，要开展全国文化和旅游消费促进活动，实施“百城百区”文化和旅游消费行动计划，请问文化和旅游部有哪些工作考虑？

答：全国文化和旅游消费促进活动，以及“百城百区”文化和旅游消费行动计划，是文化和旅游部扩大优质产品供给、丰富消费惠民措施、满足美好生活新期待的重要举措。

首先，丰富文旅产品和活动增强“体验感”。2024年以来，文化和旅游部以“文旅惠民乐民 共享美好生活”为主题，围绕春节、五一、暑期、国庆等重点时段贯穿全年，组织各地及支持单位持续推出特色文旅活动、新型消费场景和消费惠民措施。特别是当前正值暑期，暑期是一年中时间跨度最长的旅游旺季。我们组织开展全国暑期文化和旅游消费季，发布“跟着演出去旅行”“避暑消夏好去处”等暑期文旅产品，“跟着赛事去旅行”暑期赛事目录，以及多项惠民乐民组合“礼包”。各地也在围绕夜间游、避暑游、亲子游等消费热点，联动金融机构、电商平台、媒体平台等，推出超过4000项约3.7万场次内容丰富、形式多样的文旅活动，打造滨海、森林、音乐节、演唱会、展览展会、户外运动、文体赛事等多姿多彩的新场景，创新发展夜间文旅经济，推动有条件的文博场馆、旅游景区延长开放时间，丰富国风国潮、艺术时尚、演出展览、美食消夏等特色活动。

其次，加大联动惠民力度提升“获得感”。我们与中国银联共同实施“百城百区”文化和旅游消费行动计划，组织有关合作银行、支持企业将营销经费和优质资源向文旅领域倾斜。暑期，中国银联推出“夏日伴你游”专题活动，围绕旅游景区、酒店、餐饮、购物等各类消费场景开展线上线下惠民活动。工商银行推出“工银爱旅行 随机一分游”、工行信用卡爱购酒店等活动。携程旅行开展夏日出游特惠活动，推出度假、租车、门票、演出等惠民措施。中国石化拿出9亿元补贴优惠，围绕“爱跑节”“易捷易享节”推出暑期自驾出行的惠民措施，让自驾游更实惠、更便利。

这些暑期文旅消费季的活动正在火热开展，希望能够陪伴大家度过欢乐暑期，共享美好夏日。下一步，我们还将举办系列主题活动，推出丰富多彩的文旅产品、文旅活动和“真金白银”的惠民措施。

问：餐饮业与广大人民群众日常生活密切关联，其恢复和扩大对整体消费市场的增长具有显著的推动作用。此次《意见》对促进餐饮消费作出部署，请问2024年以来餐饮业发展情况如何？下一步将采取哪些措施促进餐饮消费？

答：餐饮业与广大人民群众的日常生活紧密关联，同时餐饮业也是社会消费品零售总额中占比最大的一个品类，在促消费、惠民生、稳就业中发挥了重要作用。根据国家统计局的数据，2023年以来，我国餐饮业保持了较快增长态势，2023年全国餐饮收入是5.29万亿元，规模创历史新高，同比增长了20.4%，对社会消费品零售总额增长的贡献率达到28.2%。2024年上半年全国餐饮收入达到2.6万亿元，同比增长7.9%，总体上继续保持了较快增长态势，而且增速也比商品零售额快4.7个百分点，对社零增长的贡献率达到了22.8%。下一步，商务部也将会同相关部门认真落实这次国务院出台文件的有关要求，从三个方面做好具体工作，促进餐饮消费高质量发展。

首先，加快政策落实落地。2024年3月，商务部会同相关部门印发了《促进餐饮业高质量发展的指导意见》，在保障食品安全、提升餐饮服务品质、创新消费场景以及优化营商环境等方面提出一系列的政策举措。同时，如上海、北京、陕西等地也因地制宜，结合地方的实际情况，出台了一系列的具体落实举措，还有一些地方正在研究制定细化的措施。商务部将指导各个地方建立健全促进餐饮业高质量发展的工作机制，加强统筹协调，推进相关政策落地见效，持续释放政策红利。

其次，着力激发消费活力。商务部将会同有关部门持续办好“中华美食荟”系列促消费活动，以及“中华美食文化季”有关活动，着力培育餐饮消费热点；还将培育、认定一批中华美食街区，推动提升餐饮业数字化水平，推进餐饮与商贸、文旅融合发展；指导地方加快发展特色餐饮，培育特色小吃产业集群，以及这次国务院文件里明确提出的名菜、名小吃、名厨、名店。2024年，商务部还与中央广播电视总台联合摄制了《三餐四季》美食文旅节目，有些节目已经在电视上播出了，取得很好的收视效果和宣传效果，在激活餐饮消费活力、有效带动地方美食文旅消费方面发挥了非常好的作用。

最后，积极营造良好发展氛围。商务部将会同相关部门积极优化餐饮业营商环境，规范行业经营秩序，挖掘宣传餐饮从业人员优秀事迹，提升餐饮从业人员职业荣誉感。商务部还将持续监测餐饮业发展动态，总结梳理各地推进餐饮业高质量发展的有效做法和典型经验，特别是在场景创新、品牌培育、数字赋能以及优化营商环境等方面的好经验、好案例，及时做好宣传推广，与相关部门、各地方密切合作，共同推动餐饮业的高质量发展。

问：中共中央政治局会议提出“把服务消费作为消费扩容升级的重要抓手”。围绕消费扩容升级，商务部下一步将从哪些方面促进服务消费的发展？

答：服务消费实际上是与老百姓的日常生活息息相关的，是老百姓日常生活的一个部分，直接关系到亿万群众的获得感和幸福感。商务部将会同相关部门，重点从以下几个方面开展工作。

首先是加强统筹协调。商务部会同相关部门已经建立了促进服务消费发展工作协调机制，2024年7月中旬已经召开了第一次机制全体会议。我们还将持续发挥机制作用，协调推进服务消费发展政策措施的研究制定和组织实施，研究解决制约服务消费发展的难点堵点，共同促进服务消费高质量发展。

其次是构建“1+N”的政策体系和工作体系。实际上政策体系和工作体系是一体的。“1”就是《意见》。《意见》明确了促进服务消费总体要求、重点任务、支持举措，其将统领今后一个时期服务消费发展。“N”就是由相关部门围绕重点行业领域，从扩大开放、行业促进、政策支持、要素保障、环境优化等方面研究出台若干切实管用的具体政策措施，全方位促进服务消费。

再次是优化服务供给。发展服务消费，提升供给质量是关键。我们将抓好开放，推动放宽服务业市场准入，提升跨境服务贸易开放水平，提供更多高品质、差异化供给。各地要发挥好各自的优势，提供更多差异化服务供给。要抓好品质，不断改善服务消费体验，撬动市场资源和社会力量，鼓励发展多元化、多层级的服务消费体系；抓好创新，深耕细分市场，促进跨界融合、多业态融合、多场景交融，通过创新为传统服务消费赋能，更好发挥服务消费“惠民”“富民”的作用。

最后是搭建平台载体。我们将发挥部门合力，实施服务消费提质惠民行动，积极改善消费条件、创新消费场景、优化消费环境。结合开展“消费促进年”活动，围绕餐饮住宿、文旅娱乐、健康养老、教育体育、生活服务等重点领域，举办服务消费季系列促进消费活动，形成供给和需求两端发力、政策和平台双轮驱动的促进服务消费发展格局。

司法解释、司法指导性文件与解读

最高人民法院民二庭负责人就《最高人民法院关于适用〈中华人民共和国公司法〉时间效力的若干规定》[①] 答记者问

为确保公司法在全国法院统一正确适用，2024年6月29日，最高人民法院发布了《最高人民法院关于适用〈中华人民共和国公司法〉时间效力的若干规定》（以下简称《规定》），《规定》自7月1日起施行。为准确理解《规定》的内容，最高人民法院民二庭负责人接受了记者书面采访。

问：能否请您简要介绍一下《规定》的起草背景和意义？

答：2023年12月29日，第十四届全国人大常委会第七次会议修订通过公司法（以下简称新公司法），自2024年7月1日起施行。新公司法坚持以习近平新时代中国特色社会主义思想为指导，全面贯彻落实党中央重大决策部署，立足中国国情，深入总结实践经验，平衡不同利益主体的诉求，对于深化国有企业改革、完善中国特色现代企业制度，完善产权保护制度、持续优化营商环境，激发市场创新活力、推动高质量

① 该司法解释收录于《商事法律文件解读》2024年第5辑（总第233辑）。

发展，具有深远的历史意义和重大的现实意义。

为确保新公司法施行后在全国法院统一正确适用，《规定》以习近平法治思想为指导，就当前人民法院在审判工作中如何做好新旧法律衔接适用作出具体规定。《规定》的出台，一方面，有利于确保新公司法的平稳施行。从我国以往的司法实践看，新的法律出台后，为统一裁判尺度、确保新法施行初期在司法适用上的平稳过渡，一般会以司法解释的形式明确新法的时间效力。比如，民法典施行后，最高人民法院制定了《最高人民法院关于适用〈中华人民共和国民法典〉时间效力的若干规定》（以下简称《民法典时间效力规定》），保障民法典贯彻实施。《规定》的出台有利于彰显公司法的立法价值，确保新旧法衔接过程中司法职能的正确发挥。另一方面，相较于2018年修正的公司法（以下简称旧公司法），此次新公司法坚持问题导向，增加了49个条款，解决了审判实践中诸多长期存在争议的问题。明确新增条款是否具有溯及力，不仅是统一裁判尺度的需要，而且在一定程度上体现了司法裁判对于新公司法新增条款的认识。

问：能否请您简要介绍一下《规定》的起草原则？

答：《规定》的起草始终恪守司法解释的功能定位，就如何具体做好新旧法衔接适用问题作出规定。

第一，坚持法不溯及既往原则。首先，《规定》秉持法不溯及既往的基本原则，对于法律事实发生在新公司法施行前的，原则上适用当时的法律、司法解释规定。只有符合立法法第一百零四条“为了更好地保护公民、法人和其他组织的权利和利益而作的特别规定”的规定即有利溯及规则，适用新公司法更能够体现立法目的的情形下，才赋予相关条文溯及适用的效力。其次，《规定》严格将溯及适用的条文限定在实质性修改规定、新增规定、细化规定中。《规定》对于不符合有利溯及规则的实质性修改、背离相关当事人合理预期的新增规定，不赋予溯及力。最后，在具体适用中，最高人民法院下发专门通知，要求对溯及适用新公司法的例外情形务必持审慎态度，对是否溯及适用存在争议的，要及时通过法答网、报送上级法院管辖等方式统一尺度。各高级人民法院要加强对本辖区人民法院的业务指导，尽快培育典型案例推送人民法院案例库。

第二，坚持问题导向。《规定》不仅重申了时间效力的一般原则，还针对新公司法的特性分类型规定了溯及适用的具体情形。例如，针对合同、公司决议等民事法律行为的效力问题，《规定》具体列举了约定公司对所投资企业债务承担连带责任、公司作出使用资本公积金弥补亏损的公司决议等情形；针对合同履行问题，《规定》具体列举了代持上市公司股票合同、上市公司控股子公司取得该上市公司股份合同等情形。《规定》的此种体例安排有利于提高找法的效率。

第三，彰显新公司法价值。在新公司法 266 个条文中，只有 36 个条文是从旧公司法平移过来的，此外的 230 个条文都有不同程度的修改甚至不少是新增规定，新增和修改的条文约占全部条文的 86%。就新公司法代替旧公司法而言，表面上是法律规范的更替、完善，实质上反映了社会经济关系的发展变化，反映了需要通过新的立法巩固社会转型成果，实现更高层次的社会正义。制定《规定》，不仅解决新旧公司法法律选择适用问题，更重要的是关系公司法的价值实现。在《规定》制定过程中，我们系统、全面地梳理了新公司法修改、增加的条款，划分为实质性修改规定、新增规定、具体细化规定并确定了不同的溯及规则，始终保持对新公司法修改重点、亮点的呼应，以更好地实现新公司法价值。

问：能否请您简要阐述《规定》和《民法典时间效力规定》的关系？

答：一方面，《民法典时间效力规定》是为确保民法典统一正确适用，妥善解决民法典施行后新旧法律衔接适用问题而出台的一部司法解释。其中，“一般规定”揭示的是法律适用的一般原理，也是《规定》

的主要借鉴对象。但《规定》并未完全沿袭《民法典时间效力规定》。例如，细化规定类型下，《民法典时间效力规定》第四条指引的是应当适用当时的法律、司法解释，但可以依据民法典具体规定进行裁判说理。而《规定》考虑到此时依据新公司法进行裁判说理并不违反相关当事人的合理预期，故进一步明确规定直接适用新公司法。再如，《民法典时间效力规定》区分实质性修改规定和新增规定，前者适用有利溯及规则，即只有在符合立法目的的情况下才能溯及适用；后者适用合理预期规则，即排除违背当事人合理预期的情形。《规定》并没有完全沿袭此种区分，在判断新公司法实质性修改规定、新增规定、细化规定是否溯及适用上，均以有利溯及为标准，作为判断是否溯及适用新公司法的一般原则。

另一方面，如前所述，《规定》坚持问题导向，针对新公司法的特性规定了溯及适用的具体情形，这些规定显然并未涵盖全部的新公司法新增或实质性修改条文。因而，在认定某一新增或实质性修改的新公司法条文能否溯及适用时，《规定》没有具体规定的，可以参照适用《民法典时间效力规定》的一般规定。例如，与公司有关的纠纷中，持续性事实如何溯及适用新公司法的规定，可以参照《民法典时间效力规定》第一条第三款的规定。

问：如何理解《规定》第一条的“法律事实”？能否请您简要谈谈溯及适用新公司法的基本场景？

答：《规定》第一条规定的“法律事实”，是指依法能够引起法律关系产生、变更、消灭的客观事实，包括行为和事件，前者又包括法律行为和事实行为。一般来说，就法律行为如合同来说，主要是指订立合同的事实，有时也包括合同履行的事实。

公司法溯及适用的基本场景是，某一法律事实发生在新公司法施行前，但人民法院在新公司法施行后受理因该法律事实产生的民事纠纷案件，此时是适用新公司法还是当时的法律、司法解释？如适用新公司法的某一规定，则该规定就具有溯及力；反之，则该规定不具有溯及力。需要说明的是，在新公司法施行后人民法院受理的民事纠纷案件，包括了正在一审程序、二审程序中审理的案件，但为维护生效裁判的权威性，不包括当事人申请再审或按照审判监督程序决定再审的案件。也就是说，新公司法施行前已经终审的民事纠纷案件，当事人申请再审或按照审判监督程序决定再审的案件，不适用新公司法的规定，此即所谓的既判力优于溯及力规则。

问：《规定》中多处使用“适用当时的法律、司法解释”，请问如何理解“当时的法律、司法解释”的含义？

答：“当时的法律、司法解释”中的“当时的法律”包括法律事实发生时的法律和行政法规；“当时的司法解释”包括法律事实发生时尚未废止的《最高人民法院关于适用〈中华人民共和国公司法〉若干问题的规定（一）》(2014 年修正)、《最高人民法院关于适用〈中华人民共和国公司法〉若干问题的规定（二）》(2020 年修正)、《最高人民法院关于适用〈中华人民共和国公司法〉若干问题的规定（三）》(2020 年修正)、《最高人民法院关于适用〈中华人民共和国公司法〉若干问题的规定（四）》(2020 年修正)、《最高人民法院关于适用〈中华人民共和国公司法〉若干问题的规定（五）》(2020 年修正)(以下简称五部旧公司法司法解释)，也包括其他司法解释中涉及与公司有关的内容，例如，《最高人民法院关于民事执行中变更、追加当事人若干问题的规定》《最高人民法院关于审理外商投资企业纠纷案件若干问题的规定（一）》等。

需要说明的是，相关司法政策性文件虽然不是司法解释，但这些司法政策性文件是在旧公司法框架下，根据新公司法及其他有关法律的基本原理、原则总结形成的统一裁判思路、理念和尺度，例如，《全国法院民商事审判工作会议纪要》《全国法院破产审判工作会议纪要》等以及指导性案例，当事人对纠纷案件的裁判规则已有合理预期，在此情形下新公司法不应溯及适用。

此外，最高人民法院公报案例、典型案例等不属于“当时的法律、司法解释”的范畴，但根据最高人民法院公报案例、典型案例等形成的裁判规则，有助于判断新公司法相关条文是作了进一步具体规定还是新增规定，系区分具体细化规定与新增规定溯及力类型的重要参考。同理，部门规章、监管规范一般也不属于“当时的法律、司法解释”的范畴，但有助于判断新公司法相关条文是作了进一步具体细化规定还是实质性修改，系区分具体细化规定与实质性修改规定溯及力类型的考量因素。

问：能否请您介绍一下有利溯及规则与实质性修改规定、新增规定、具体细化规定之间的关系？

答：立法法第一百零四条关于“为了更好地保护公民、法人和其他组织的权利和利益而作的特别规定”的规定系法不溯及既往的例外情形，该例外情形也被称为有利溯及。《规定》为体现新公司法的特性，以新公司法第一条更有利于实现公司法立法目的为有利溯及的判断标准，即“更有利于规范公司的组织和行为，保护公司、股东、职工和债权人的合法权益，完善中国特色现代企业制度，弘扬企业家精神，维护社会经济秩序，促进社会主义市场经济的发展”。《规定》在梳理新公司法条文后，根据修订情况，将条文区分为实质性修改规定、新增规定和具体细化规定，是否溯及适用均需以有利溯及作为判断标准。

第一，实质性修改规定主要包括：一是新公司法对旧公司法及其司法解释的假定条件、法律后果等实质内容均进行了修改的规定；二是旧公司法虽无规定，但旧公司法相关司法解释作了漏洞填补性规定，新公司法作了实质不同的规定。此时，新公司法的溯及适用往往会打破合理预期，因此，溯及适用必须符合有利溯及规则。《规定》充分关注到新公司法的特性，与公司有关的民事纠纷多与合同、公司决议的效力和履行有关，故《规定》将实质性修改区分为有关民事法律行为效力的实质性修改、有关合同履行的实质性修改以及其他实质性修改。实质性修改类型下的有利溯及一般应当对各方当事人均更加有利，或者至少对一方更加有利的同时，不减损另一方在旧公司法秩序下的应有权益，不破坏另一方在旧公司法秩序下的合理预期。

第二，新增规定指不仅旧公司法无规定，民法典、司法解释、司法政策性文件、指导性案例等也均无规定，缺乏统一的裁判尺度。新增规定对旧公司法秩序下的合理预期一般无影响，或影响不大，并且新增规定多属填补旧公司法之空白，新公司法施行前所处理的公司纠纷，即使旧公司法无相关规定，人民法院也要依据习惯、民法典等其他法律的基本原则、立法精神进行个案处理中的法律漏洞填补。因此，空白溯及规则的适用，应当在有利溯及规则统辖之下，更侧重于考量以新公司法规定填补法律漏洞是否具有正当性，或没有减损民事主体预期利益。

第三，具体细化规定是指旧公司法有规定，但规定比较抽象、原则或因含混不清存在理解争议，新公司法作出更清晰、具体的解释性规定。一般而言，旧公司法有规定的，应适用当时的法律、司法解释等，但从原理上而言，具体细化规定并未打破当事人的合理预期，适用新公司法能够更加有利于实现公司法的立法目的。在司法实践中，为了增强司法裁判的说理和统一裁判标准，可直接适用新公司法。

问：《规定》列举了新公司法部分条文溯及适用情形，例如新公司法第一百八十条、第一百九十二条，但没有新公司法第一百九十一条，请问基本考量有哪些？

答：此次公司法修订，条文变化很大，仅新增条文就有 49 个。《规定》曾考虑过把所有具有溯及力的新增条文列举出来，但如此安排体例上难以涵盖各种修改类型，也与新增条文原则上不具有溯及力的精神相悖，最终放弃了此种做法，而是坚持问题导向，选择了 27 个具有典型性的条文予以规定。比如，《规定》第四条对新公司法第一百八十条（事实董事的民事责任）、第一百九十二条（影子董事的民事责任）的溯及力问题作出规定，但对新公司法第一百九十一条（董事、高级管理人员的民事责任）则未作规定，基本考量是：新公司法第一百八十条、第一百九十二条规定了事实董事、影子董事制度，公司控制股东、实际控制人利用其控股、控制地位操纵董事或取代董事行使职权损害公司利益是滥用权利的一种方式，造成公司治理的法定主体与实际主体的严重脱节。实践中出现的重大风险，无不有控股股东、实际控制人操纵公司的现象，《规定》第四条列举新公司法第一百八十条、第一百九十二条，明确控股股东、实际控制人不担任公司董事但实际执行公司事务或者指示董事执行公司事务的，对公司负有忠实、勤勉义务，适用新公司法规定不背离当事人合理预期的评价标准，符合空白溯及的原则。

新公司法第一百九十一条是董事对第三人责任的规定。有观点认为，董事对第三人责任来源于董事对公司的责任，而旧公司法规定了董事对公司的责任，可以认为新公司法第一百九十一条只是改变了向董事主张权利的主体，并未加重董事责任。相反的观点认为，董事直接向第三人承担责任，事实上加重了董事责任，打破了其合理预期。在司法实践中，新公司法第一百九十一条及其他董事责任条款，与新公司法第十一条、民法典第六十一条的关系，以及董事对第三人承担连带责任还是一般赔偿责任等问题，认识尚不统一，故《规定》暂时不予规定，留待在司法实践中进一步研究。

问：能否请您简要介绍《规定》第六条有关清算义务人责任的内容？

答：《规定》第六条涉及新公司法第二百三十二条有关公司清算义务人规定的溯及力问题。《规定》第六条第一款明确新公司法第二百三十二条原则上不具有溯及力，《规定》第六条第二款赋予新公司法第二百三十二条一定条件下的“有限”溯及力。新公司法第二百三十二条规定的清算义务人不同于清算组，清算义务人是在公司解散事由出现后负责在法定期限内组成清算组的主体，清算组则是由清算义务人组成的负责实施具体清算事务的公司机构。旧公司法没有规定清算义务人，

《最高人民法院关于适用〈中华人民共和国公司法〉若干问题的规定（二）》（2020 年修正）规定了有限责任公司股东、股份有限公司控股股东、董事负有清算义务，而新公司法未区分有限责任公司、股份有限公司，改变了公司清算义务主体，规定董事是清算义务人，其义务是在公司解散等事由发生之日起十五日内组成清算组。新公司法对于清算义务人的规定作出了实质性修改，因此，原则上新公司法第二百三十二条不具有溯及力。但是距离新公司法施行日未满十五日，即组成清算组的十五日期限届满之日跨越了新公司法施行之日的，则应当按照新公司法规定，由董事担任公司清算义务人，负责组成清算组。由于处于新旧公司法交替过程中，董事也被授予一定的期限利益，其法定履职期限可以延后至新公司法施行之日重新起算，而不是在解散等事由发生时起算。

问：新公司法施行后，如何做好新公司法与五部旧公司法司法解释的衔接适用？

答： 新公司法施行后，五部旧公司法司法解释尚未被废除，存在法律适用的空当期，有必要对新公司法与相关司法解释的衔接适用问题作出以下说明。

第一，五部旧公司法司法解释条文与新公司法规定原理一致、不存在冲突时，五部旧公司法司法解释可以继续适用。例如，新公司法第九十九条规定了其他发起人的连带责任，内容吸收了《最高人民法院关于适用〈中华人民共和国公司法〉若干问题的规定（三）》（2020 年修正）第十三条第三款关于股东未履行、未全面履行出资义务时其他发起人承担连带责任的规定，故《最高人民法院关于适用〈中华人民共和国公司法〉若干问题的规定（三）》（2020 年修正）第十三条第三款仍可以适用。

第二，五部旧公司法司法解释条文与新公司法规定内容不一致、存在冲突时，应当适用新公司法。

第三，五部旧公司法司法解释条文表述中援引的旧公司法条文序号应当修改为新公司法的条文序号，例如，《最高人民法院关于适用〈中华人民共和国公司法〉若干问题的规定（一）》（2014 年修正）第四条对“公司法第一百五十一条规定的 180 日以上连续持股期间”的内涵进行解释，由于旧公司法第一百五十一条条文序号修改为新公司法第一百八十九条，因此，在适用《最高人民法院关于适用〈中华人民共和国公司法〉若干问题的规定（一）》（2014 年修正）第四条规定时，应当将“公司法第一百五十一条”修改为“公司法第一百八十九条”。

上述说明同样适用于其他尚未修改或者废止的涉及与公司有关内容的司法解释。

（来源：最高人民法院网站）

解读《最高人民法院关于适用〈中华人民共和国公司法〉时间效力的若干规定》

高晓力　麻锦亮　丁俊峰*

为确保公司法统一正确适用，妥善解决公司法施行后新旧法律衔接适用问题，2024 年 6 月 27 日，最高人民法院审判委员会第 1922 次全体会议审议通过了《最高人民法院关于适用〈中华人民共和国公司法〉时间效力的若干规定》（以下简称《规定》），自 2024 年 7 月 1 日起施

* 作者单位：最高人民法院。

行。本文就《规定》的起草背景、基本原则及重点条文进行说明，便于司法实践中更加全面理解和准确适用。

一、《规定》的起草背景

2023年12月29日，第十四届全国人大常委会第七次会议修订通过公司法（以下简称新公司法），自2024年7月1日起施行。新公司法坚持以习近平新时代中国特色社会主义思想为指导，全面贯彻落实党中央重大决策部署，立足中国国情，深入总结实践经验，平衡不同利益主体的诉求，对于深化国有企业改革、完善中国特色现代企业制度，完善产权保护制度、持续优化营商环境，激发市场创新活力、推动高质量发展，具有深远的历史意义和重大的现实意义。

为确保新公司法施行后在全国法院统一正确适用，《规定》以习近平法治思想为指导，就当前人民法院在审判工作中如何做好新旧法律衔接适用作出具体规定。《规定》的出台，有利于确保新公司法的平稳施行。从我国以往的司法实践看，新的法律出台后，为统一裁判尺度、确保新公司法施行初期在司法适用上的平稳过渡，一般会以司法解释的形式明确新公司法的时间效力。比如，民法典施行后，最高人民法院制定了《最高人民法院关于适用〈中华人民共和国民法典〉时间效力的若干规定》（以下简称《民法典时间效力规定》），保障民法典贯彻实施。《规定》的出台有利于彰显新公司法的立法价值，确保新旧公司法衔接过程中司法职能的正确发挥。更有意义的是，此次新公司法坚持问题导向，增加了49个条款，解决了审判实践中诸多长期存在争议的问题。《规定》明确列举赋予溯及力新增条款，不仅是统一裁判尺度的需要，而且在一定程度上体现了对新公司法新增条款的司法态度和评价。

二、《规定》的起草过程

《规定》是专门就新公司法溯及力进行规定的司法解释，理论性强、起草难度大。为做好《规定》的起草、论证工作，最高人民法院专门成立起草小组，进行多轮问题收集和调研。2024 年 4 月，起草小组多次召开内部论证会和专题调研论证。其中，专题调研论证特别邀请全国人大常委会法工委的公司法执笔人林一英同志、北京大学蒋大兴同志等公司法领域专家学者，部分高级人民法院审判一线的骨干力量参加，充分征求专家学者的意见建议。5 月，起草小组多次召开内部论证会对《规定》讨论稿进行完善，经充分讨论，形成讨论稿第八稿并在此基础上形成了征求意见稿。随后，向全国人大常委会法制工作委员会、司法部、国家市场监管总局、财政部、证监会等五家单位征求意见，向立案庭等院内九部门征求意见，向各地高级人民法院征求意见。6 月，研究全国人大常委会法制工作委员会等外部征求意见单位、院内相关庭室、各地方高级人民法院的反馈意见，充分吸收相关建议，对征求意见稿进行修改，并邀请立案庭等院内九部门对征求意见稿展开专题研讨。会后，起草小组认真研究上述部门修改建议，对征求意见稿进一步完善。在充分吸收各方意见建议的基础上，形成《规定》送审稿，提交最高人民法院审判委员会讨论，6 月 27 日由最高人民法院审判委员会第 1922 次会议通过。

三、制定《规定》的基本原则

《规定》的起草始终恪守司法解释的功能定位，就如何具体做好新旧公司法衔接适用问题作出规定。

第一，坚持法不溯及既往。首先，《规定》秉持法不溯及既往的基本原则，对于法律事实发生在新公司法施行前的，原则上适用当时的法律、司法解释规定。只有符合立法法第一百零四条“为了更好地保护公民、法人和其他组织的权利和利益而作的特别规定”即有利溯及规则，适用新公司法更能够体现立法目的的情形下，才赋予相关条文溯及适用的效力。其次，《规定》严格将溯及适用的条文限定在实质性修改、新增规定、具体细化规定中。《规定》对于不符合有利溯及规则的实质性修改、背离相关当事人合理预期的新增规定，不赋予溯及力。最后，在具体适用中，最高人民法院下发专门通知，要求对溯及适用的例外情形务必持审慎态度，对是否溯及适用存在争议的，要及时通过法答网、报送上级法院管辖等方式统一尺度。各高级人民法院要加强对本辖区人民法院的业务指导，尽快培育典型案例推送人民法院案例库。

第二，坚持问题导向。《规定》不仅重申了时间效力的一般原则，还针对公司法的特性分类规定了溯及适用的具体情形。例如，针对合同、公司决议等民事法律行为的效力问题，《规定》具体列举了约定公司对所投资企业债务承担连带责任、公司作出使用资本公积金弥补亏损的公司决议等情形；针对合同履行问题，《规定》具体列举了代持上市公司股票合同、上市公司控股子公司取得该上市公司股份合同等情形。《规定》的此种体例安排有利于提高法律适用的准确性。

第三，彰显新公司法价值。在新公司法的 266 个条文中，只有 36 个条文是从 2018 年修正的公司法（以下简称旧公司法）中平移过来的，此外的 230 个条文都有不同程度的修改甚至不少是新增规定，新增和修改的条文约占全部条文的 86%。就新公司法代替旧公司法而言，表面上是法律规范的更替、完善，实质上反映了社会经济关系的发展变化，反映了需要通过新的立法巩固社会转型成果，实现更高层次的社会正义。制定《规定》，不仅解决新旧法律选择适用问题，更重要的是关系公司法的价值实现。在《规定》制定过程中，我们系统、全面地梳理了新公司法修订、增加的条款，根据不同类别分为实质性修改规定、新增规定、细化规定并确定了不同的溯及规则，始终保持对公司法修改重点、亮点的呼应，以更好地实现公司法价值。

四、《规定》的主要内容

《规定》共 8 条，分别为时间效力的一般规定及有利溯及规则、民事法律行为效力的有利溯及规则、合同履行的有利溯及规则、新增规定的空白溯及规则、细化规定的溯及适用规则、清算责任的法律适用、既判力优于溯及力规则、生效时间。重点内容如下。

（一）法不溯及既往规则及其有限例外

法不溯及既往是法的效力的一般原则，其法理基础在于对信赖利益的保护。一般而言，“昨天的行为不能适用今天的法律”，如果人们按照昨天的法律去行为，由此形成的各种法律关系却被今天的法律所否定，不利于信赖利益保护，不利于社会关系稳定，不利于维护法律权威。因此，法律原则上只对其生效后的行为起规范作用，不能要求人们遵守还没有制定出来的法律。《规定》第一条是最基础和最重要的规定，统领整部司法解释，重申了法不溯及既往的基本原则，对于法律事实发生在新公司法施行前的，原则上适用当时的法律、司法解释规定。当然，法不溯及既往也有例外情形。只有符合立法法第一百零四条“为了更好地保护公民、法人和其他组织的权利和利益而作的特别规定”的规定即有利溯及规则，适用新公司法更能够体现立法目的之特殊情形下，对新公司法中个别条文可以赋予溯及适用的效力。

1. 严格《规定》溯及适用条文范围

新公司法有49个新增条文、181个条文有不同程度的修改和整合，《规定》仅遴选出27个具有典型性的条文，未予明确列举其他条文主要考虑以下几点。

第一，在新公司法施行前，民法典、相关司法解释以及司法政策性文件、指导性案例等有规定或者已经形成统一、明确裁判思路的，原则上应当适用当时的法律、司法解释等规定，故新公司法吸收了相关司法解释、司法政策性文件等精神的，不再赋予相关条文溯及力。

第二，新公司法中实质性修改条文、新增条文和细化条文总数超过了《规定》列举的条文数量，但综合考虑到溯及适用条文不仅应符合新公司法立法目的，而且也应当满足不打破相关利益主体的利益平衡、不背离合理预期的遴选标准，故新公司法规定有可能增加某一方当事人责任、突破了其在旧公司法下的预期的，原则上不赋予溯及力。

第三，新公司法中部分新增规定，由于认识上尚不统一，目前尚未积累相应的裁判经验，故《规定》暂时不予规定，留待司法实践中进一步研究。比如，《规定》第四条对新公司法第一百八十条（事实董事的民事责任）、第一百九十二条（影子董事的民事责任）的溯及力问题作出规定，但对新公司法第一百九十一条（董事、高级管理人员的民事责任）则未作规定。新公司法第一百八十条、第一百九十二条规定了事实董事、影子董事制度，公司控制股东、实际控制人利用其控股、控制地位操纵董事或取代董事行使职权损害公司利益是滥用权利的一种方式，造成公司治理的法定主体与实际主体的严重脱节。

实践中出现的重大风险，无不有控股股东、实际控制人操纵公司的现象，《规定》第四条列举新公司法第一百八十条、第一百九十二条规定，明确控股股东、实际控制人不担任公司董事但实际执行公司事务或者指示董事执行公司事务的，对公司负有忠实、勤勉义务，适用新公司法规定不背离当事人合理预期的评价标准，符合空白溯及的原则。而新公司法第一百九十一条是董事对第三人责任的规定。有观点认为，董事对第三人责任来源于董事对公司的责任，而旧公司法规定了董事对公司的责任，可以认为新公司法第一百九十一条只是改变了向董事主张权利的主体，并未加重董事责任。相反的观点认为，董事直接向第三人承担责任，事实上是加重了董事责任，打破了其合理预期。在司法实践中，新公司法第一百九十一条与新公司法其他董事责任条款，与新公司法第十一条、民法典第六十一条的关系，以及董事对第三人承担连带责任还是一般赔偿责任等问题，认识尚不统一，故《规定》暂时不予规定，留待司法实践中进一步研究。

2. 明确《规定》的适用场景

《规定》第一条规定参考《民法典时间效力规定》，明确以法律事实发生时间作为判断是否适用公司法的基准点。《规定》第一条所谓的“法律事实”，是指依法能够引起法律关系产生、变更、消灭的客观事实，包括行为和事件，前者又包括法律行为和事实行为。一般来说，就法律行为如合同来说，主要是指订立合同的事实，有时也包括合同履行的事实。

新公司法溯及适用的基本场景是，某一法律事实发生在新公司法施行前，但人民法院在新公司法施行后受理因该法律事实产生的民事纠纷案件，此时是适用新公司法还是当时的法律、司法解释？如适用新公司法的某一规定，则该规定就具有溯及力；反之，则新公司法的相关规定不具有溯及力。需要说明的是，在新公司法施行后人民法院受理的民事纠纷案件，包括了正在一审程序、二审程序中审理的案件，但为维护生效裁判的权威性，不包括当事人申请再审或按照审判监督程序决定再审的案件。也就是说，新公司法施行前已经终审的民事纠纷案件，当事人申请再审或按照审判监督程序决定再审的案件，不适用新公司法的规定，此即所谓的既判力优于溯及力规则。

3. 准确界定“当时的法律、司法解释”的范围

“当时的法律”包括法律事实发生时的法律和行政法规；“当时的司法解释”包括法律事实发生时尚未废止的《最高人民法院关于适用〈中华人民共和国公司法〉若干问题的规定（一）》（2014 年修正）、《最高人民法院关于适用〈中华人民共和国公司法〉若干问题的规定（二）》（2020 年修正）、《最高人民法院关于适用〈中华人民共和国公司法〉若干问题的规定（三）》（2020 年修正）、《最高人民法院关于适用〈中华人民共和国公司法〉若干问题的规定（四）》（2020 年修正）、《最高人民法院关于适用〈中华人民共和国公司法〉若干问题的规定（五）》（2020 年修正）（以下简称五部旧公司法司法解释），也

包括其他司法解释中涉及与公司有关的内容，例如，《最高人民法院关于民事执行中变更、追加当事人若干问题的规定》《最高人民法院关于审理外商投资企业纠纷案件若干问题的规定（一）》等。

需要说明的是，相关司法政策性文件虽然不是司法解释，但这些司法政策性文件是在旧公司法框架下，根据旧公司法及其他有关法律的基本原理、原则总结形成的统一裁判思路、理念和尺度，例如，《全国法院民商事审判工作会议纪要》（以下简称《九民会纪要》）、《全国法院破产审判工作会议纪要》等以及指导性案例，当事人对纠纷案件的裁判规则已有合理预期，在此情形下新公司法不应溯及适用。此外，最高人民法院公报案例、典型案例等不属于“当时的法律、司法解释”的范畴，但根据最高人民法院公报案例、典型案例等形成的裁判规则，有助于判断旧公司法的相关条文是作了进一步具体规定还是新增规定，系区分细化规定与新增规定溯及力类型的重要参考。同理，部门规章、监管规范一般也不属于“当时的法律、司法解释”的范畴，但有助于判断旧公司法相关条文是作了进一步具体规定还是实质性修改，系区分细化规定与实质性修改溯及力类型的考量因素。

（二）有利溯及适用规则

《规定》第一条第二款主要规定了新公司法有利溯及适用规则。立法法第一百零四条“为了更好地保护公民、法人和其他组织的权利和利益而作的特别规定”的规定作为法不溯及既往的例外情形，该例外情形也被称为有利溯及。有利溯及在公法领域的适用规则比较明确，例如，刑法上的从旧兼从轻原则，但是，民事法律通常涉及双方乃至多方当事人的权益，有的还与公序良俗和社会公共利益直接相关，如何确定有利溯及的具体标准十分复杂。《民法典时间效力规定》以“更有利于保护民事主体合法权益，更有利于维护社会和经济秩序，更有利于弘扬社会主义核心价值观”为有利溯及的判断标准，“更有利于保护民事主体合法权益”符合立法法第一百零四条规定的精神，“更有利于维护社会和经济秩序，更有利于弘扬社会主义核心价值观”均符合民法典的立法目的，实际上体现了对立法精神、立法目的以及公序良俗的考量。新公司法的有利溯及判断，也应如此。

《规定》为体现新公司法的特性，以更有利于实现公司法立法目的为有利溯及的判断标准，即更有利于“规范公司的组织和行为，保护公司、股东、职工和债权人的合法权益，完善中国特色现代企业制度，弘扬企业家精神，维护社会经济秩序，促进社会主义市场经济的发展”①。

《规定》在梳理新公司法条文后，根据修订情况，将条文区分为实质性修改、新增规定和具体细化规定，以上规定是否溯及适用均需以有利溯及为判断标准。

实质性修改包括两种情况：一是新公司法对旧公司法及其司法解释的假定条件、法律后果等实质内容均进行了修改；二是旧公司法虽无规定，但旧公司法司法解释作了漏洞填补性规定，新公司法作了实质不同的规定。此两种情况均可归类为对旧公司法的实质修改。新公司法溯及适用要极为慎重，一般情况下必须满足有利溯及规则的要求。道理在于，一方面，旧公司法的具体规定，形成社会对旧公司法秩序的合理预期，新公司法的溯及适用往往会打破合理预期，使法律稳定预期的功能大打折扣；另一方面，就民商事法律关系当事人而言，一旦成诉，必然存在此消彼长的利益冲突，适用新公司法往往对一方有利，对另一方不利。因此，在新公司法对旧公司法实质性修改的情况下，依据有利溯及规则，新公司法溯及适用一般应当对各方当事人均更加有利，或者在至少对一方更加有利的同时，不减损另一方在旧公司法秩序下的应有权益，不破坏另一方在旧公司法秩序下的合理预期。

《规定》充分关注到新公司法的特性，与公司有关的民事纠纷多与

---

① 参见新公司法第一条。

合同、公司决议的效力和履行有关，故《规定》将实质性修改区分为有关民事法律行为效力的实质性修改、有关合同履行的实质性修改以及其他实质性修改，并分别规定溯及适用。《规定》第一条至第三条分别为时间效力的一般规定及有利溯及规则、民事法律行为效力的有利溯及规则、合同履行的有利溯及规则。

《规定》第一条第二款确定了新公司法有利溯及的一般规则，并在此款具体列举了其他实质性修改情形。具体适用情形为以下七种情况。

第一，关于股东撤销权的除斥期间。旧公司法规定了股东提起撤销之诉，但没有对未接收通知的股东作出专门规定，因决议撤销的计算时点是作出之日，而未被通知的股东并不知道决议召开情况，新公司法增加规定了未被通知参加股东会会议的股东自知道或者应当知道股东会决议作出之日起六十日内，可以请求人民法院撤销，进一步弥补了法律的漏洞，但是明确了这种情况下撤销权可行使的最长期限为决议作出之日起一年内，新公司法可溯及适用。本条规定体现了对少数股东权益的尊重和保护，以及对公平和效率平衡的追求。

第二，关于决议被否定的外部效力。《最高人民法院关于适用〈中华人民共和国公司法〉若干问题的规定（四）》（2020年修正）第六条仅规定了公司决议无效、被撤销情况下，公司根据该决议与善意相对人形成的法律关系不受影响，但并未规定在公司决议不成立情况下，公司与善意相对人形成的法律关系是否受影响的问题。新公司法第二十八条第二款的规定基于保护善意第三人的考量，同样情况同样处理，可溯及适用。

第三，关于债权出资。旧公司法第二十七条规定未列举规定债权、股权出资形式，但在但书部分规定了法律、行政法规规定不得作为出资的财产除外。新公司法施行前，《市场主体登记管理条例》第十三条规定所列举的禁止出资形式中并未包括以股权、债权出资方式，配套实施的《市场主体登记管理条例实施细则》第十三条规定认可了股权、债权出资方式。债权出资是否可以溯及适用新公司法，需要从两个方面进行考虑：一方面，从当事人合理预期角度而言，旧公司法、相关行政法规未禁止债权出资方式，相关部门规章对债权出资予以认可，故关于债权出资方式的规定溯及适用，未破坏市场主体的合理预期；另一方面，从判断债权出资情形是否属于当时的法律、司法解释已有规定角度，“当时的法律、司法解释”是指法律、行政法规、司法解释，作为法律可溯及适用的依据，并不包括部门规章。《市场主体登记管理条例实施细则》系部门规章，不属于当时的法律、司法解释已有规定的情形，故债权出资属于实质性修改情形，可以溯及适用。至于股权出资，《最高人民法院关于适用〈中华人民共和国公司法〉若干问题的规定（三）》（2020年修正）第十一条规定：“出资人以其他公司股权出资，符合下列条件的，人民法院应当认定出资人已履行出资义务：……”根据法律修订精神，当时的法律、司法解释有规定，适用当时的法律、司法解释的规定，因此本条仅规定债权出资。

第四，关于有限责任公司股东对外转让股权。新公司法第八十四条删除了旧公司法第七十一条关于公司股东向股东之外的人转让股权需经其他股东半数同意的规定。如果在新公司法实施之前发生的股权转让行为，新公司法第八十四条应溯及适用。

第五，关于违法分配和违法减资的法律责任。新公司法第二百一十一条、第二百二十六条增加规定了违法分配利润的法律后果、违法减资的法律后果，旧公司法没有规定违法分配利润、违法减资人员的赔偿损失责任，新公司法进一步完善了公司违规分配利润、违法减资下的责任承担制度，有利于保护公司及债权人的利益，契合了本次公司法修订加强董事、监事、高级管理人员维护资本充实义务的整体立法趋势，可溯及适用。

第六，关于公司利润分配决议的实施期限。旧公司法并未对股东会作出分配利润决议后的分配期限作出限制，《最高人民法院关于适用

〈中华人民共和国公司法〉若干问题的规定（五）》（2020年修正）将分配期限限制为“决议作出之日起一年内”，新公司法将法定分配时间设置为六个月。此举旨在解决当前实践中存在的股东会决议分配利润但公司拒不执行的问题，从而也为盈余分配等纠纷提供便利，新公司法可溯及适用。

第七，新公司法第二百二十四条规定了公司减资应实行同比例减资，旧公司法并未规定同比例减资，新公司法的规定有利于保护中小股东合法权益，实现股东平等。同时该条还规定了同比例减资的除外情况，即法律、有限责任公司章程可以对非同比例减资规定或约定除外情形，以尊重公司意思自治，灵活平衡不同主体的利益诉求，适应商业实践需要，新公司法可溯及适用。

《规定》第二条规定为民事法律行为效力的有利溯及规则，针对与公司有关的民事纠纷中常见的合同、公司决议效力问题作出规定。遵循从旧兼从轻基本法理，旧公司法作禁止性或限制性规定，而新公司法进行实质性修改，删除该规定或转化为任意性规定，对公司决议、合同效力的认定，原则上适用公司法。《规定》明确指出，对于新公司法施行前与公司相关的民事法律行为，若依据旧公司法及司法解释认定无效、但依据新公司法有效的三种特定情形，新公司法溯及适用。

这就意味着明确了在这三种情形下发生法律适用冲突时，新公司法中认为有效的法律行为应优于旧公司法中的无效认定，将民事法律中尽量维护行为效力、减少无效认定的价值取向引入公司法，确保公司运营的法律环境与时俱进，更加契合现代商业实践的需求。具体适用情形如下。

第一，关于公司对外投资。旧公司法第十五条规定了公司转投资限制，原则上不允许公司成为其所投资企业债务的连带责任出资人；而新公司法原则上允许公司成为其所投资企业债务的连带责任出资人，除非法律另有规定。这一转变体现了新公司法对公司自治和独立经营的支持。在我国，特定类型公司如国有独资公司、国有企业等被限制成为合伙企业普通合伙人，以避免因对外承担责任而造成国有资产或社会公共利益的损失。但同时在现代公司法理论中，公司对外投资是商业决策，与签订合同等经营行为无本质区别，因此，对于国有企业等少数公司的投资限制仍然存在，但总体上新公司法鼓励公司自主决策，减少不必要的限制。这种转变有助于公司理顺经营理念，更好地利用资本，促进经济发展，符合有利溯及规则，新公司法可溯及适用。

第二，关于公司资本公积金的使用规则。新公司法第二百一十四条删除了旧公司法不得使用资本公积金弥补公司亏损的规定，规定公积金弥补公司亏损应当先使用任意公积金和法定公积金，仍不能弥补的，可以按照新公司法规定使用资本公积金。此变动契合了企业经营的实际需要，一方面，有助于财政困境中的公司迅速恢复盈利能力，避免因资金短缺而陷入经营困境，维护公司市场价值，吸引新的投资；另一方面，提升了资金利用效率，允许公司根据具体情况灵活调整资本结构，实现资本的最大化利用，符合有利溯及规则，新公司法可溯及适用。

第三，关于母子公司的简易合并。新公司法第二百一十九条是关于公司简易合并的规定。旧公司法并未规定简易合并情形，对于公司合并事项要经代表三分之二以上表决权的股东通过；而新公司法规定的简易合并无须经股东会决议。对于简易合并涉及股东会决议效力的判断，新公司法可溯及适用。

《规定》第三条规定是合同履行的有利溯及规则，针对与公司有关纠纷中的合同履行行为作出规定。本条规范性质属于衔接适用规定。所谓衔接适用问题，是指法律事实跨越新旧法律的效力期间时应当适用新公司法还是旧公司法的问题。当一个法律事实的不同部分，或者多个密切相关的法律事实分别落入了两部法律的有效施行期间，这时既不能说法律事实的全部发生时间在旧公司法有效施行期间，也不能说法律事实全部发生在新公司法有效施行期间，如何确定适用新公司法还是旧公司法就成为一个很复杂和有争议的问题，这也是新旧法律衔接适用中的难题。

关于合同履行持续的规定不是《规定》的首创，而是来源于1999年12月颁布的《最高人民法院关于适用〈中华人民共和国合同法〉若干问题的解释（一）》（以下简称《合同法解释一》），该解释第二条规定："合同成立于合同法实施之前，但合同约定的履行期限跨越合同法实施之日或者履行期限在合同法实施之后，因履行合同发生的纠纷，适用合同法第四章的有关规定。"此后，《民法典时间效力规定》第二十条也进行了规定："民法典施行前成立的合同，依照法律规定或者当事人约定该合同的履行持续至民法典施行后，因民法典施行前履行合同发生争议的，适用当时的法律、司法解释的规定；因民法典施行后履行合同发生争议的，适用民法典第三编第四章和第五章的相关规定。"

因此，《规定》第三条参照《民法典时间效力规定》的规定，对持续性法律事实的法律适用之溯及力进行规定。新公司法施行前订立的合同，履行行为跨越新旧公司法，因新公司法施行前履行行为发生争议的，适用当时的法律、司法解释的规定。合同履行行为发生在新公司法施行之后，由于旧公司法未否定相关合同的效力，而新公司法作了禁止性或者限制性规定，当事人有权主张解除合同，其主张承担违约责任的，人民法院不予支持。但是因一方当事人迟延履行导致履行行为发生在新公司法施行后的，应根据过错认定当事人各自承担相应的民事责任。

《规定》列举了因新公司法施行后的履行行为发生争议适用新公司法的三种情形。具体适用情形如下。

第一，关于禁止非法代持上市公司股票：新公司法施行前，法律、行政法规没有直接规定禁止代持上市公司股票或股份，新公司法第一百四十条规定，禁止违反法律、行政法规的规定代持上市公司股票。此修订目的在于保护投资者的权益、维护市场的公平性及稳定性，符合新公司法立法目的，故可溯及适用。

第二，关于禁止上市公司交叉持股。新公司法第一百四十一条第一款规定，上市公司控股子公司不得取得该上市公司的股份。新公司法施行前，法律、行政法规并未规定。此规定修订的目的在于确保上市公司及其控股子公司的独立性，防止出现不当控制，从而维护资本市场的健康运作和公平性，新公司法可溯及适用。

第三，关于禁止股份公司对外提供财务资助。新公司法第一百六十三条第一款的规定包括了公司为他人取得公司股份进行担保，此类交易中并不适用公司担保规则，并不能因为该交易进行了股东会或者董事会决议等法定程序后发生担保的效力。旧公司法、证券法并未明确规定禁止上述行为。如果允许股份公司为股东取得公司股份提供担保，本质上是侵蚀了公司资本，导致公司资本无偿流向股东，新公司法可溯及适用。

（三）新增规定溯及适用规则

《规定》第四条规定了新增规定的空白溯及规则。

新增规定是指不仅旧公司法无规定，民法典、司法解释等也均无规定，缺乏统一的裁判尺度。新增规定的溯及适用是在长期审判实践和一系列司法解释基础上发展而来的溯及适用类型。例如，《合同法解释一》第一条规定，合同法实施以前成立的合同发生纠纷起诉到人民法院，除该解释另有规定的以外，适用当时的法律规定，当时没有法律规定的，可以适用合同法的有关规定。这一规定经过了多年司法实践的检验，已经为社会公众和广大法官接受和认同。在民法典编纂过程中，在总结以往审判实践经验的基础上新增加了一些规定。对于民法典施行前发生的法律事实引起的民事纠纷案件，在当时法律、司法解释没有规定的情况下，适用民法典的新增规定，可以为相应案件的司法裁判提供明确法律依据，可以规范自由裁量权的行使，切实维护裁判尺度统一。

相较于新公司法对旧公司法的实质修改，新增规定对旧公司法秩序下的合理预期一般无影响，或影响不大。同时，新增规定大多属于填补旧公司法之空白，新公司法实施前所处理的公司纠纷，即使旧公司法无相关规定，人民法院也要依据习惯、旧公司法、民法典等其他法律的基本原则、立法精神进行个案处理中的法律漏洞填补。因此，对空白溯及，更侧重于考量新公司法溯及适用是否与旧公司法无规定情况下填补法律漏洞具有同样的正当性，或同样没有减损民事主体预期利益。申言之，新增规定的溯及适用不像实质修改那么苛刻，但也不应简单地当然溯及适用，不能脱离有利溯及规则而得出一律可参考适用的结论。

对新增规定是适用还是参照适用，此前的司法解释和规范性文件存在不同的做法。例如，《最高人民法院关于贯彻执行〈中华人民共和国民法通则〉若干问题的意见（试行）》第一百九十六条使用了“可以比照……处理”的表述，《合同法解释一》第一条使用了“可以适用”的表述，《最高人民法院关于适用〈中华人民共和国公司法〉若干问题的规定（一）》（2020年修正）第二条使用了“可参照适用”的表述，《最高人民法院关于适用〈中华人民共和国保险法〉若干问题的解释（一）》使用了“参照适用”的表述，《九民会纪要》使用了“可以……作为裁判依据”的表述。本条使用了“适用”的表述，理由如下：第一，根据《立法技术规范（试行）（一）》（法工委发〔2009〕62号）第18.3条的规定，参照一般用于没有直接纳入法律调整范围，但是又属于该范围逻辑内涵自然延伸的事项。民法典有26处“参照适用”，两处“可以参照适用”，针对的都是在没有规定情况下的类似事项的适用。第二，在法学方法论视角下，参照是两个性质相同的不同事项之间的准用，不同时空下的同一事项不能用参照。因此，对同一事项的法律适用，不存在参照和准用的问题，对标民法典关于参照的用法，使用适用更为准确。本条适用的具体情形为以下四种。

第一，关于未届期股权转让后的出资责任。新公司法第八十八条第一款规定了实缴情形和认缴情形下未届出资期限股东转让股权的出资责任承担问题。《最高人民法院关于适用〈中华人民共和国公司法〉若干问题的规定（三）》（2020 年修正）第十八条仅规定了实缴情形下股东转让股权的出资责任承担问题，对认缴情形下未届出资期限股东转让股权的出资责任承担问题未作出规定。以往的司法实践中裁判尺度不一，当事人无合理预期可言，故新公司法可溯及适用。

第二，关于股东压迫情形下中小股东主张回购救济。新公司法第八十九条第三款规定了控股股东滥用股东权利，严重损害公司或其他股东利益，其他股东有权请求公司按合理的价格收购其股权。旧公司法未规定控股股东滥用股东权下的股东回购请求权，新公司法的规定有利于禁止控股股东权利滥用、保护中小股东合法权益，也无破坏相关利益者合理预期之虞，故新公司法可溯及适用。

第三，关于股份公司异议股东股份回购请求权。旧公司法第七十四条仅规定了有限责任公司异议股东回购请求权，新公司法第一百六十一条增加了关于非公开发行股份的股份有限公司异议股东回购请求权的规定。由于公开发行股份的公司股份具有较强的流动性，对于异议股东而言，其可以直接转让股份，无须通过公司回购退出，因此，公开发行股份的公司不适用本条规定。考虑到大量的非上市股份公司与有限责任公司并无实质区别，非上市股份公司中的部分中小股东也面临控股股东压迫的问题，也需要法律提供对应的救济路径，公司法的修订有利于保护中小股东权益，故新公司法可溯及适用。

第四，关于事实董事、影子董事。新公司法第一百八十条第三款、第一百九十二条增加了关于事实董事、影子董事责任的规定，公司控制股东、实际控制人利用其控股、控制地位操纵董事或取代董事行使职权损害公司利益是滥用权利的一种方式，即便在旧公司法秩序下也是非正当的。实践中出现的重大风险处置事件，无不有控股股东、实际控制人操纵公司的现象，控股股东、实际控制人的违法行为亦无合理预期可言。《规定》列举其作为溯及适用条文，并无是否打破其合理预期的顾虑。

本条兜底条款为“不明显背离相关当事人合理预期的其他情形”，需要准确理解其内涵。是否背离相关当事人的合理预期，要辩证而不是机械地看待，要结合新旧法的共同立法目的、价值取向、基本原则、公序良俗等因素综合考虑，而不能仅囿于某一具体条款文义简单判断。比如，旧公司法某条款与旧公司法的立法目的、基本原则不协调、不一致，缺乏合理性，而新公司法旨在矫正旧公司法规定下的原本失衡的利益关系，适用新公司法不背离新旧公司法所共同追求的公平公正目标，可考虑例外适用新公司法，属于“不明显背离相关当事人合理预期”的规定。

（四）细化规定的适用规则

《规定》第五条为细化规定的溯及适用规则。旧公司法有规定，但规定比较抽象、原则或因含糊不清，存在理解争议，新公司法作出更清晰、具体的解释性规定，原则上适用旧公司法规定，但是为了增强司法裁判的说理和统一裁判标准，可直接适用新公司法。本条适用的具体情形为以下四种。

第一，关于股份有限公司章程限制股份转让。旧公司法未规定股份有限公司章程可以限制股份转让，而新公司法允许股份有限公司章程对股份转让予以限制，给予股份有限公司更大的自治空间，体现了公司自治原则，新公司法可溯及适用。

第二，关于监事忠实义务。旧公司法对公司监事负有忠实义务进行了原则性规定，第一百四十七条第一款规定“董事、监事、高级管理人员应当遵守法律、行政法规和公司章程，对公司负有忠实义务和勤勉义务”。但旧公司法第一百四十八条关于违反忠实义务具体行为的规制主体仅包括公司董事、高级管理人员，并不包括监事。对此，新公司法设置第一百八十一条、第一百八十二条第一款、第一百八十三条、第一百八十四条共4个条款进一步细化规定违反忠实义务的具体行为，明确将监事纳入忠实义务体系。旧公司法规定监事的忠实义务可以推导出监事不得实施挪用公司资金等禁止性行为、违法关联交易、不当谋取公司商业机会、经营限制的同类业务，因此，新公司法上述条款的溯及适用并未背离监事的合理预期。

第三，关于董事、高级管理人员不当谋取商业机会、经营限制的同类业务的赔偿责任。针对“利用职务便利为自己或者他人谋取属于公司的商业机会”的行为，旧公司法规定应当经过股东（大）会同意，新公司法规定“向董事会或股东会报告，并按照公司章程的规定经董事会或者股东会议决议通过”，或者即使未得到公司有权机关决议通过的，如果公司本身不能够利用该商业机会，董事、高级管理人员仍可以自行利用该机会，并不构成对忠实义务的违反。新公司法的规定属于对该行为条件的放宽，并未背离相关主体的合理预期，故新公司法可溯及适用。针对“经营限制的同类业务”的行为，旧公司法规定应当经过股东（大）会同意，新公司法亦将条件放宽至“向董事会或者股东会报告，并按照公司章程的规定经营董事会或者股东会议决议通过”，不背离相关主体的合理预期，新公司法可溯及适用。

第四，关于关联关系交易主体范围以及关联交易性质的认定。旧公司法第一百四十八条对关联交易仅作简单规定，即“违反公司章程的规定或者未经股东会、股东大会同意，与本公司订立合同或者进行交易”。新公司法作出更详细的规定：首先，允许公司章程规定董事会或股东会作为关联交易的批准机关，不强制规定应由股东会决定。其次，扩大了“关联关系”的主体范围，将董事、监事、高级管理人员的近亲属，董事、监事、高级管理人员或者其近亲属直接或者间接控制的企业，以及与董事、监事、高级管理人员有其他关联关系的关联人也纳入关联方范围。新公司法对关联交易主体范围、披露及表决程序进行了明确规定，完善了关联交易表决的程序，新公司法可溯及适用。

（五）清算义务人责任的法律适用

《规定》第六条涉及新公司法第二百三十二条有关公司清算义务人规定的溯及力问题。《规定》第六条第一款明确新公司法第二百三十二条原则上不具有溯及力，《规定》第六条第二款赋予新公司法第二百三十二条一定条件下的“有限”溯及力。新公司法第二百三十二条规定的清算义务人不同于清算组，清算义务人是在公司解散事由出现后负责在法定期限内组成清算组的主体，清算组则是由清算义务人组成的负责实施具体清算事务的公司机构。旧公司法没有规定清算义务人，《最高人民法院关于适用〈中华人民共和国公司法〉若干问题的规定（二）》（2020年修正）规定了有限责任公司股东、股份有限公司控股股东、董事负有清算义务，而新公司法未区分有限责任公司、股份有限公司，改变了公司清算义务主体，规定董事是清算义务人，其义务是在公司解散等事由发生之日起十五日内组成清算组。新公司法对于清算义务人的规定作出了实质性修改，因此，原则上新公司法第二百三十二条不具有溯及力。

但是在距离新公司法施行前未满十五日，即组成清算组的十五日期限届满之日跨越了新公司法施行之日的，则应当按照新公司法规定，由董事担任公司清算义务人，负责组成清算组。由于处于新旧法交替过程中，董事也被授予一定的期限利益，其法定履职期限可以延后至新公司法施行之日重新起算，而不是在解散等事由发生时起算。

五、其他需要说明的问题

（一）与《民法典时间效力规定》的关系

《民法典时间效力规定》是为确保民法典统一正确适用、妥善解决民法典施行后新旧法律衔接适用问题而出台的一部司法解释。其中“一般规定”揭示的是法律适用的一般原理，也是《规定》的主要借鉴对象。

但《规定》并未完全沿袭《民法典时间效力规定》，例如，细化规定类型下，《民法典时间效力规定》第四条指引的是应当适用当时的法律、司法解释，但可以依据民法典具体规定进行裁判说理。而《规定》考虑到此时依据新公司法进行裁判说理并不违反相关当事人的合理预期，故进一步明确规定直接适用新公司法。

再如，《民法典时间效力规定》区分实质性修改规定和新增规定。前者适用有利溯及规则，即只有在符合立法目的的情况下才能溯及适用；后者适用合理预期规则，即排除违背当事人合理预期的情形。《规定》并没有完全沿袭此种区分，在判断新公司法实质性修改、新增规定、具体细化规定是否溯及适用上，均以有利溯及为标准，作为判断是否溯及适用的一般原则。

此外，《规定》针对新公司法的特性规定了溯及适用的具体情形，这些规定显然并未涵盖全部的新公司法新增或实质性修改条文。因而，在认定某一新增或实质性修改的新公司法条文能否溯及适用时，《规定》没有具体规定的，可以参照适用《民法典时间效力规定》的“一般规定”。如与公司有关的纠纷中，持续性事实如何溯及适用新公司法的规定，可以参照《民法典时间效力规定》第一条第三款的规定。

（二）有利溯及规则的统辖地位

在判断公司法实质性修改、新增规定、具体细化规定是否溯及适用上，均应以有利溯及为标准。而判断有利溯及最基本的要求，是要考虑是否背离相关当事人的合理预期，即不背离相关当事人的合理预期是有利溯及规则的底线。有利溯及和不背离合理预期是寻找新公司法溯及适用例外情形的突破口，这一突破口应当严格限定，这契合了法不溯及既往的基本原则。

《规定》在有利溯及标准的把握上，对标立法法、公司法、《民法典时间效力规定》，结合新公司法第一条立法宗旨，以更有利于实现新公司法立法目的作为标准，即更有利于规范公司的组织和行为，保护公司、股东、职工和债权人的合法权益，完善中国特色现代企业制度，弘扬企业家精神，维护社会经济秩序，促进社会主义市场经济的发展。对于“合理预期”的判断，需要以诚信、公序良俗和日常生活经验法则为判断基准，既有效彰显公司法的制度价值，又不背离当事人基于原有法律所形成的合理预期，有利于保持公司法的稳定性与适应性相统一。需要说明的是以下两点。

第一，私法和公法溯及适用存在一定区别。例如，刑事法律关系的一方主体为公权力主体，故刑法溯及适用评价标准为是否能够减轻当事人的刑事责任；而对于私权利主体而言，无法准确区分对哪一方当事人有利或者不利，因此，在溯及适用时不仅要审查是否背离相关当事人的合理预期，也要考察是否符合立法目的。

第二，适用新公司法对一方有利，可能对另一方则是不利的，反之亦然。但是在是否平等对待上实质是公平的，都应当统合在有利于实现立法目的基础上。因此，人民法院在具体裁判中，不能简单地审查是否对某一方当事人是有利的，或者仅考察某一种司法价值，而应当严格依据《规定》中明确溯及适用的规定进行审查认定。

（三）做好新公司法与相关司法解释的衔接工作

新公司法施行后，五部旧公司法司法解释尚未被废除，存在法律适用的空当期，有必要对公司法与相关司法解释的衔接适用问题作出以下说明。

第一，五部旧公司法司法解释条文与新公司法规定原理一致、不存在冲突时，五部旧公司法司法解释可以继续适用。例如，新公司法第九十九条规定了其他发起人的连带责任，内容吸收了《最高人民法院关于适用〈中华人民共和国公司法〉若干问题的规定（三）》（2020年修正）第十三条第三款关于股东未履行、未全面履行出资义务时其他发起人承担连带责任的规定，故《最高人民法院关于适用〈中华人民共和国公司法〉若干问题的规定（三）》（2020年修正）第十三条第三款规定仍可以适用。

第二，五部旧公司法司法解释条文与新公司法规定内容不一致、存在冲突时，应当适用新公司法。

第三，五部旧公司法司法解释条文表述中援引的旧公司法条文序号应当修改为新公司法的条文序号，例如，《最高人民法院关于适用〈中华人民共和国公司法〉若干问题的规定（一）》（2020年修正）第四条规定对“公司法第一百五十一条规定的180日以上连续持股期间”的内涵进行解释，由于旧公司法第一百五十一条条文序号修改为新公司法第一百八十九条，因此在适用《最高人民法院关于适用〈中华人民共和国公司法〉若干问题的规定（一）》（2014年修正）第四条规定时，应当将“公司法第一百五十一条”修改为“公司法第一百八十九条”。

上述说明同样适用于其他尚未修改或者废止的涉及与公司有关内容的司法解释。

部门规章、规章性文件与解读

非银行支付机构监督管理条例实施细则

（2024 年 7 月 1 日中国人民银行第 5 次行务会议审议通过
2024 年 7 月 9 日中国人民银行令〔2024〕第 4 号发布
自发布之日起施行）

第一章　总　　则

第一条　根据《中华人民共和国中国人民银行法》、《中华人民共和国电子商务法》、《中华人民共和国行政许可法》、《非银行支付机构监督管理条例》（以下简称《条例》）等法律、行政法规，制定本细则。

第二条　非银行支付机构应当遵循诚实信用、合法合规、安全高效原则开展业务，采取切实有效措施保障业务连续性、备付金安全和用户合法权益，不得以欺骗、隐瞒、非自有资金出资等不正当手段办理行政许可事项，严禁倒卖、出租、出借支付业务许可证。

第三条　《条例》所称中国人民银行的分支机构是指中国人民银行各省、自治区、直辖市以及计划单列市分行。中国人民银行的分支机构根据中国人民银行的授权和分工，依法对辖区内非银行支付机构及非银行支付机构分支机构实施监督管理，对本辖区非银行支付机构监管工作作出统一部署。

中国人民银行的分支机构之间应当加强监管协同和信息共享。

第二章　设立、变更与终止

第一节　设　　立

第四条　《条例》所称非银行支付机构的董事、监事和高级管理人员，应当符合下列条件：

（一）熟悉与支付业务相关的制度文件。

（二）具有履行职责所需的经营管理能力，包括具有担任拟任职务所需的独立性、良好的从业记录等。高级管理人员还应当具有大学本科以上学历，从事支付结算、金融、信息处理业务 2 年以上或者从事会计、经济、信息科技、法律工作 3 年以上。

（三）最近 3 年诚信记录良好且无重大违法违规记录。

（四）不存在《中华人民共和国公司法》规定的不得担任公司董事、监事和高级管理人员的情形。

前款所称高级管理人员，包括总经理、副总经理、财务负责人、技术负责人、合规风控负责人或者实际履行上述职责的人员。非银行支付机构应当具有 5 名以上高级管理人员。

中国人民银行及其分支机构可以对非银行支付机构拟任的董事、监事和高级管理人员进行任职考察，考察方式包括但不限于向其原任职单位核实工作情况、通过谈话了解拟任人员的基本情况和业务素质、提示履职风险和需关注的重点问题等。

第五条　非银行支付机构的董事、监事和高级管理人员就任时和在任期间应当始终符合本细则第四条要求。

非银行支付机构董事、监事和高级管理人员在任期间出现不符合本细则第四条情形的，非银行支付机构应当停止其任职，并于 10 日内将相关情况报告住所所在地中国人民银行的分支机构。

第六条 《条例》所称其他审慎性条件是指具有良好的资本实力、风险管理能力、业务合规能力等符合审慎经营规则的条件。

《条例》施行前已按照有关规定设立的非银行支付机构还应当满足经营状况良好、支付业务许可证有效期内无重大违法违规记录、不存在无正当理由连续 2 年以上未开展支付业务的情况等条件。

中国人民银行及其分支机构为核实本条规定的审慎性条件，可以要求申请人提供有关说明材料。

第七条 本细则第六条所称重大违法违规记录是指从事犯罪活动，影响恶劣；或者存在《条例》第五十一条第一项、第五项情形；或者存在《条例》第五十条任一情形和第五十一条除第一项、第五项之外的情形，并且具有下列情节之一的：

（一）司法机关认定主动为非法活动提供支付服务，拒不整改或者性质恶劣。

（二）伪造系统数据或者提供虚假材料等，导致监管工作无法正常开展。

（三）情节恶劣，造成严重后果或者社会影响。

对非银行支付机构在《条例》施行前存在的重大违法违规记录的认定，参照上述规定执行。

第八条 根据《条例》第八条，非银行支付机构注册资本最低限额在人民币 1 亿元基础上，按下列规则附加提高：

（一）仅从事本细则第五十五条规定的储值账户运营 Ⅰ 类业务的，注册资本最低限额附加值为人民币 1 亿元。

（二）仅在住所所在省、自治区、直辖市从事本细则第五十五条规定的储值账户运营Ⅱ类业务的，注册资本最低限额无需附加。经营地域范围在其住所所在地以外每增加 1 个省、自治区、直辖市的，注册资本最低限额附加值增加人民币500万元。经营地域范围超过20个省、自治区、直辖市的，注册资本最低限额附加值为人民币1亿元。但是，仅从事储值账户运营Ⅱ类（仅限于线上实名支付账户充值）或者储值账户运营Ⅱ类（仅限于经营地域范围预付卡受理）的，注册资本最低限额无需附加。

（三）仅在住所所在省、自治区、直辖市从事本细则第五十五条规定的支付交易处理Ⅰ类业务的，注册资本最低限额无需附加。经营地域范围在其住所所在地以外每增加1个省、自治区、直辖市的，注册资本最低限额附加值增加人民币500万元。经营地域范围超过20个省、自治区、直辖市的，注册资本最低限额附加值为人民币1亿元。

（四）仅从事本细则第五十五条规定的支付交易处理Ⅱ类业务的，注册资本最低限额无需附加。

同时从事上述两种以上业务类型的，注册资本最低限额附加值根据业务类型和经营地域范围，按照本条第一款第一项至第四项规定加总计算。

第九条 申请设立非银行支付机构的，申请人应当向住所所在地中国人民银行的分支机构申请，并提交下列材料：

（一）书面申请，载明申请人拟设立非银行支付机构的名称、住所、注册资本、拟申请支付业务类型、经营地域范围等。

（二）公司章程草案。

（三）验资证明或者公司资本情况材料。

（四）主要股东、实际控制人材料。

（五）拟任董事、监事和高级管理人员材料。

（六）拟设立非银行支付机构的组织机构设置方案、内部控制制度、风险管理制度、退出预案以及用户合法权益保障机制材料。

（七）支付业务发展规划和可行性研究报告。

（八）反洗钱和反恐怖融资措施材料。

（九）支付业务设施材料。

（十）有符合规定的经营场所材料。

（十一）申请材料真实性声明。

第十条 本细则第九条所称主要股东材料包括：

（一）申请人股东关联关系说明材料，以及股权结构和控制框架图。

（二）营业执照（副本）复印件，或者有效身份证件复印件、个人履历。

（三）财务状况和出资情况说明材料，含出资方资金来源说明，以及最近 2 年经会计师事务所审计的财务会计报告或者个人财务状况说明。

（四）无重大违法违规材料，含最近 3 年无重大违法违规记录承诺，以及其他能够说明没有因涉嫌重大违法违规正在被调查或者处于整改期间的相关材料。

（五）诚信记录良好材料，含企业或者个人征信报告，以及其他能够说明诚信记录良好的相关材料。

（六）股权稳定性和补充资本承诺书，含主要股东 3 年内不再变更的承诺，以及非银行支付机构发生风险事件影响其正常运营、损害用户合法权益时，主要股东补充资本的承诺。

主要股东为金融机构的，还应当提供金融业务许可证复印件、准予投资申请人的批复文件或者其他相关材料。

第十一条 本细则第九条所称实际控制人材料包括：

（一）申请人实际控制权和控制关系说明材料。

（二）营业执照（副本）复印件，或者有效身份证件复印件、个人履历。

（三）财务状况和出资情况说明材料，含出资方资金来源说明，以及最近 2 年经会计师事务所审计的财务会计报告或者个人财务状况说明。

（四）无重大违法违规材料，含最近3年无重大违法违规记录承诺，以及其他能够说明没有因涉嫌重大违法违规正在被调查或者处于整改期间的相关材料。

（五）诚信记录良好材料，含企业或者个人征信报告，以及其他能够说明诚信记录良好的相关材料。

（六）股权稳定性承诺书，含实际控制人3年内不再变更的承诺。

实际控制人为自然人的，还应当提交其实际控制的公司最近2年经营情况说明材料、最近2年经会计师事务所审计的财务会计报告或者其他相关材料。

前款所称实际控制的公司，指本条第一款第一项规定的申请人实际控制权和控制关系说明材料中，实际控制人控制的、除非银行支付机构之外财务状况良好的公司。

第十二条　本细则第九条所称董事、监事和高级管理人员材料包括：

（一）有效身份证件复印件。

（二）个人履历和相关说明材料。

（三）高级管理人员学历证书复印件。

（四）无重大违法违规材料，含最近3年无重大违法违规记录承诺，以及其他能够说明没有因涉嫌重大违法违规正在被调查或者处于整改期间的相关材料。

（五）诚信记录良好材料，含个人征信报告，以及其他能够说明诚信记录良好的相关材料。

（六）个人承诺书，含对本人（及配偶）是否有大额负债进行说明，并就本人诚信和公正履职、履行反洗钱和反恐怖融资义务等进行承诺。如涉及兼职的，还需提交兼职情况说明和“确保有足够时间和精力有效履行相应职责”的承诺。

第十三条 本细则第九条所称拟设立非银行支付机构的组织机构设置方案应当包含公司治理结构，董事、监事、管理层、各职能部门设置，岗位设置和职责等情况。

内部控制制度是指为合理保证拟设立非银行支付机构经营管理合法合规、资产安全、财务报告和相关信息真实完整而制定的相关制度。

风险管理制度应当包含拟设立非银行支付机构经营过程中的风险分析、风险识别、风险处置等内容。

第十四条 本细则第九条所称支付业务发展规划和可行性研究报告应当包括下列内容：

（一）拟从事支付业务的市场前景分析。

（二）拟从事支付业务的处理流程，载明从用户发起支付业务到完成用户委托支付业务各环节的业务内容以及相关资金流转情况。

（三）拟从事支付业务的风险分析和管理措施，并对支付业务各环节分别进行说明。

（四）拟从事支付业务的成本和经济效益分析。

拟申请不同类型支付业务的，应当按照支付业务类型分别提供前款规定内容。

第十五条 本细则第九条所称反洗钱和反恐怖融资措施材料应当包括下列内容：

（一）反洗钱内部控制制度文件，载明反洗钱合规管理框架、客户尽职调查和客户身份资料及交易记录保存措施、大额和可疑交易报告措施、反洗钱审计和培训措施、协助反洗钱调查的内部程序、反洗钱工作保密措施。

（二）反洗钱岗位设置和职责说明，载明负责反洗钱工作的内设机构、反洗钱高级管理人员和专职反洗钱工作人员及其联系方式。

（三）开展大额和可疑交易监测的技术条件说明。

（四）洗钱风险自评估制度，《条例》施行前已按照有关规定设立的非银行支付机构还应当提交已完成的洗钱风险自评估报告。

第十六条 本细则第九条所称支付业务设施材料应当包括下列内容：

（一）支付业务设施机房部署情况。非银行支付机构生产中心机房原则上应当与非银行支付机构主要经营场所所在地位于同一省、自治区、直辖市。

（二）支付业务设施符合中国人民银行规定的业务规范、技术标准和安全要求说明材料。

未按照中国人民银行规定的业务规范、技术标准和安全要求提供说明材料的，或者说明材料的程序、方法存在重大缺陷的，中国人民银行及其分支机构可以要求申请人重新提交说明材料。

第十七条 本细则第九条所称有符合规定的经营场所材料应当包括住所所有权或者使用权的说明材料，以及经营场所安全的相关材料。

第十八条 申请人申请设立非银行支付机构，应当向住所所在地中国人民银行的分支机构提交申请材料。中国人民银行的分支机构依法受理符合要求的申请，自受理申请之日起初步审查，并将申请材料和初步审查意见报送中国人民银行。中国人民银行自中国人民银行的分支机构受理申请之日起 6 个月内作出批准或者不予批准的决定。

第十九条 申请人应当自收到受理通知之日起 10 日内，向住所所在地中国人民银行的分支机构提交公告材料，由中国人民银行的分支机构在其网站上连续公告下列事项 20 日：

（一）拟设立非银行支付机构的注册资本和股权结构。

（二）主要股东名单和持股比例。

（三）实际控制人名单。

（四）拟申请的支付业务类型。

（五）拟设立非银行支付机构的经营场所。

（六）支付业务设施符合中国人民银行规定的业务规范、技术标准和安全要求说明材料。

公告期间，对于社会公众反映的申请人涉嫌提供虚假材料，申请人、主要股东和实际控制人涉嫌违法违规等情形，中国人民银行的分支机构应当进行核查，核查时间不计入审查时限。

第二十条 申请人应当自领取营业执照之日起6个月内开业，并向住所所在地中国人民银行的分支机构报告。申请人自领取营业执照之日起超过6个月未开业的，应当向住所所在地中国人民银行的分支机构报告，说明正当理由和有关情况。

第二节 变 更

第二十一条 《条例》规定的非银行支付机构变更事项包括：

（一）变更主要股东或者实际控制人。

（二）合并或者分立。

（三）跨省、自治区、直辖市变更住所。

（四）变更业务类型或者经营地域范围。

（五）变更董事、监事或者高级管理人员。

（六）变更名称或者注册资本。

非银行支付机构因办理上述变更事项涉及全部支付业务终止的，应当按照本章第三节有关规定办理。

第二十二条 非银行支付机构拟变更本细则第二十一条第一款第一项至第四项事项，以及系统重要性非银行支付机构拟变更本细则第二十一条第一款第五项事项的，应当向中国人民银行的分支机构提交申请，由中国人民银行的分支机构受理、初步审查后报中国人民银行审查、决定。

非银行支付机构拟变更本细则第二十一条第一款第六项事项，以及非系统重要性非银行支付机构拟变更本细则第二十一条第一款第五项事项的，应当向中国人民银行的分支机构提交申请，由中国人民银行的分支机构受理、审查、决定。

非银行支付机构办理本细则第二十一条第一款第一项至第六项事项的，经中国人民银行及其分支机构批准后，依法向市场监督管理部门办理登记手续。

第二十三条 非银行支付机构经查实存在违规经营、规避监管、未按要求落实整改意见，或者因涉嫌违法违规被调查、侦查且尚未结案等其他影响非银行支付机构稳健运行情形的，非银行支付机构应当审慎提交变更申请，依法做好整改，配合调查、侦查直至有关情形消失。

非银行支付机构如需改变中国人民银行的分支机构已受理的变更申请，应当撤回原申请后按本细则要求重新提交变更申请。

第二十四条 非银行支付机构变更主要股东包括下列情形：

（一）新增主要股东。

（二）现有主要股东增加或者减少股权比例。

第二十五条 非银行支付机构申请变更主要股东或者实际控制人的，应当符合下列条件：

（一）现有主要股东或者实际控制人持股或者实际控制已满3年。现有主要股东改变股权比例且未导致主要股东身份和实际控制人变更，现有主要股东或者实际控制人死亡、丧失完全民事行为能力、执行法院判决、风险处置或者中国人民银行基于审慎监管原则同意再次变更等情形除外。

（二）拟变更后的主要股东或者实际控制人应当符合《条例》及本细则有关规定。拟变更后的主要股东或者实际控制人为公司的，还应当具有稳定的盈利来源或者较好的可持续发展能力。

（三）最近3年无重大违法违规记录。

（四）诚信记录良好。

（五）备付金管理机制健全有效。

第二十六条 非银行支付机构申请变更主要股东或者实际控制人

的，应当向住所所在地中国人民银行的分支机构提交下列材料：

（一）书面申请，载明申请人基本情况、变更原因、变更方案、变更前后主要股东或者实际控制人情况等。

（二）申请人材料，包括：

1. 营业执照（副本）复印件和支付业务许可证复印件。

2. 无重大违法违规材料，含最近 3 年无重大违法违规记录承诺，以及其他能够说明没有因涉嫌重大违法违规正在被调查或者处于整改期间的相关材料。

3. 诚信记录良好材料，含企业征信报告，以及其他能够说明诚信记录良好的相关材料。

4. 备付金安全承诺。

5. 公司合规经营情况说明，含最近 3 年经营情况、被投诉举报情况、受到行政处罚或者被采取监管措施情况，以及上述相关问题的整改情况。

6. 申请人为国有企业、国有控股企业或者上市企业，变更涉及国有资产转让或者上市公司资产交易依法应当取得相关监管部门批准或者备案的，应当提供批准或者备案文件。

（三）股东会或者其他有权决定机构同意申请人变更的决议文件。

（四）拟变更后的主要股东或者实际控制人材料，参照本细则第十条、第十一条规定提供。

（五）出资或者股权转让协议复印件、价格合理性说明和第三方出具的资产评估报告等相关材料。

（六）申请材料真实性声明。

第二十七条　《条例》所称合并是指一家非银行支付机构吸收其他非银行支付机构，合并后只有一家非银行支付机构持有支付业务许可证，其他非银行支付机构解散的行为。合并主体可以获取多家被合并主体全部或者部分业务类型和经营地域范围。

非银行支付机构申请合并的，应当由拟合并主体向其住所所在地中国人民银行的分支机构提交合并申请。

非银行支付机构拟跨省、自治区、直辖市进行合并的，拟合并主体住所所在地中国人民银行的分支机构应当征求拟被合并主体住所所在地中国人民银行的分支机构意见，拟被合并主体住所所在地中国人民银行的分支机构应当自收到征求意见函起10日内，向拟合并主体住所所在地中国人民银行的分支机构出具审查意见，审查意见包括但不限于拟被合并主体备付金安全情况和合规经营情况等。

第二十八条 《条例》所称分立是指一家非银行支付机构将部分资产和负债分离转让给其他一家或者多家企业，分立后仅有一家法人主体持有支付业务许可证的行为。

非银行支付机构申请分立的，应当由原非银行支付机构向拟持证主体住所所在地中国人民银行的分支机构提交分立申请。

非银行支付机构拟跨省、自治区、直辖市进行分立的，拟持证主体住所所在地中国人民银行的分支机构应当征求原非银行支付机构住所所在地中国人民银行的分支机构意见，原非银行支付机构住所所在地中国人民银行的分支机构应当自收到征求意见函起10日内，向拟持证主体住所所在地中国人民银行的分支机构出具审查意见，审查意见包括但不限于原非银行支付机构备付金安全情况和合规经营情况等。

第二十九条 非银行支付机构申请合并或者分立的，应当符合下列条件：

（一）拟合并主体或者拟持证主体符合《条例》及本细则有关规定。

（二）合并或者分立后股权结构稳定，承诺3年内不再变更主要股东或者实际控制人。主要股东改变股权比例且未导致主要股东身份和实际控制人变更，主要股东或者实际控制人死亡、丧失完全民事行为能力或者存在其他无法继续履行职责，执行法院判决、风险处置或者中国人民银行基于审慎监管原则同意再次变更等情形除外。

（三）具有保障用户合法权益、支付业务连续性的方案和措施。

（四）最近 3 年无重大违法违规记录。

（五）诚信记录良好。

（六）备付金管理机制健全有效。

第三十条 非银行支付机构申请合并的，应当由拟合并主体向住所所在地中国人民银行的分支机构提交下列材料：

（一）书面申请，载明拟合并主体和拟被合并主体的基本情况、变更原因、变更方案等。

（二）拟合并主体和拟被合并主体材料，包括：

1. 营业执照（副本）复印件和支付业务许可证复印件。

2. 无重大违法违规材料，含最近 3 年无重大违法违规记录承诺，以及其他能够说明没有因涉嫌重大违法违规正在被调查或者处于整改期间的相关材料。

3. 诚信记录良好材料，含企业征信报告，以及其他能够说明诚信记录良好的材料。

4. 备付金安全承诺。

5. 公司合规经营情况说明，含最近 3 年经营情况、被投诉举报情况、受到行政处罚或者被采取监管措施情况，以及上述相关问题的整改情况。

6. 拟合并主体或者拟被合并主体为国有企业、国有控股企业或者上市企业，变更涉及国有资产转让或者上市公司资产交易依法应当取得相关监管部门批准或者备案的，应当提供批准或者备案文件。

（三）拟合并主体和拟被合并主体股东会或者其他有权决定机构同意拟变更的决议文件。

（四）合并方案和公告，包括业务承接方案和时间安排，用户权益保障、风险控制和舆情应对方案，合并公告样式以及其他需要说明的事项。

（五）拟合并主体资质合规情况材料，包括拟合并主体在注册资本，董事、监事和高级管理人员，主要股东和实际控制人，公司治理结构、内部控制和风险管理制度，经营场所、安全保障措施，以及业务系统、设施和技术等方面符合《条例》及本细则有关规定的材料。

（六）出资方资金来源说明。

（七）拟合并主体主要股东与拟被合并主体主要股东之间的关联关系说明，以及拟合并主体各股东之间的关联关系说明。

（八）合并协议复印件、价格合理性说明和第三方出具的资产评估报告等。

（九）拟被合并主体支付业务终止方案。

（十）股权稳定性承诺书。

（十一）申请材料真实性声明。

第三十一条 非银行支付机构申请分立的，应当向拟持证主体住所所在地中国人民银行的分支机构提交下列材料：

（一）书面申请，载明申请人基本情况、变更原因、变更方案等。

（二）申请人相关材料，包括：

1. 营业执照（副本）复印件和支付业务许可证复印件。

2. 无重大违法违规材料，含最近 3 年无重大违法违规记录承诺，以及其他能够说明没有因涉嫌重大违法违规正在被调查或者处于整改期间的相关材料。

3. 诚信记录良好材料，含企业征信报告，以及其他能够说明诚信记录良好的相关材料。

4. 备付金安全承诺。

5. 公司合规经营情况说明，含最近 3 年经营情况、被投诉举报情况、受到行政处罚或者被采取监管措施情况，以及上述相关问题的整改情况。

6. 申请人为国有企业、国有控股企业或者上市企业，变更涉及国有资产转让或者上市公司资产交易依法应当取得相关监管部门批准或者备案的，应当提供批准或者备案文件。

（三）股东会或者其他有权决定机构同意申请人拟变更的决议文件。

（四）分立方案和公告，包括拟持证主体业务承接方案和时间安排，用户权益保障、风险控制和舆情应对方案，分立公告样式以及其他需要说明的事项。

（五）拟持证主体资质合规情况材料，包括拟持证主体在注册资本，董事、监事和高级管理人员，主要股东和实际控制人，公司治理结构、内部控制和风险管理制度，经营场所、安全保障措施，以及业务系统、设施和技术等方面符合《条例》及本细则有关规定的材料。

（六）拟持证主体各股东之间的关联关系说明。

（七）分立协议复印件，财产、债务分割安排合理性说明和第三方出具的资产评估报告等。

（八）股权稳定性承诺书。

（九）申请材料真实性声明。

第三十二条 非银行支付机构申请跨省、自治区、直辖市变更住所的，应当向拟变更后住所所在地中国人民银行的分支机构提交申请。拟变更后住所所在地中国人民银行的分支机构应当征求原住所所在地中国人民银行的分支机构意见，原住所所在地中国人民银行的分支机构应当自收到征求意见函起 10 日内，向拟变更后住所所在地中国人民银行的分支机构出具审查意见，审查意见包括但不限于非银行支付机构备付金安全情况和合规经营情况等。

第三十三条 非银行支付机构申请跨省、自治区、直辖市变更住所的，应当符合下列条件：

（一）拟变更后的支付业务设施和住所符合《条例》及本细则有关

规定。

（二）非银行支付机构经核准的经营地域范围覆盖变更后的住所所在地。

（三）最近3年无重大违法违规记录。

（四）诚信记录良好。

（五）备付金管理机制健全有效。

第三十四条 非银行支付机构申请跨省、自治区、直辖市变更住所的，应当向拟变更后住所所在地中国人民银行的分支机构提交下列材料：

（一）书面申请，载明申请人基本情况、主要股东和实际控制人情况、变更原因、变更方案等。

（二）申请人相关材料，包括：

1. 营业执照（副本）复印件和支付业务许可证复印件。

2. 无重大违法违规材料，含最近3年无重大违法违规记录承诺，以及其他能够说明没有因涉嫌重大违法违规正在被调查或者处于整改期间的相关材料。

3. 诚信记录良好材料，含企业征信报告，以及其他能够说明诚信记录良好的相关材料。

4. 备付金安全承诺。

5. 公司合规经营情况说明，含最近3年经营情况、被投诉举报情况、受到行政处罚或者被采取监管措施情况，以及上述相关问题的整改情况。

（三）股东会或者其他有权决定机构同意申请人拟变更的决议文件。

（四）拟变更后的支付业务设施和住所合规情况材料，参照本细则第十六条、第十七条规定提供。

（五）申请材料真实性声明。

第三十五条 非银行支付机构申请变更业务类型或者经营地域范围的，应当向住所所在地中国人民银行的分支机构提交申请。

非银行支付机构拟新增业务类型或者扩大经营地域范围的，应当参照本章第一节有关规定办理。

非银行支付机构拟缩小经营地域范围的，其住所所在地中国人民银行的分支机构应当征求拟不再展业地中国人民银行的分支机构意见，拟不再展业地中国人民银行的分支机构应当自收到征求意见函起 10 日内，向非银行支付机构住所所在地中国人民银行的分支机构出具审查意见，审查意见包括但不限于非银行支付机构备付金安全和合规经营情况等。

第三十六条 非银行支付机构申请缩减业务类型或者缩小经营地域范围的，应当符合下列条件：

（一）具有保障用户合法权益、支付业务连续性的方案和措施。

（二）最近 3 年无重大违法违规记录。

（三）诚信记录良好。

（四）备付金管理机制健全有效。

第三十七条 非银行支付机构申请缩减业务类型或者缩小经营地域范围的，应当向住所所在地中国人民银行的分支机构提交下列材料：

（一）书面申请，载明申请人基本情况、变更原因、变更方案等。

（二）申请人相关材料，包括：

1. 营业执照（副本）复印件和支付业务许可证复印件。

2. 无重大违法违规材料，含最近 3 年无重大违法违规记录承诺，以及其他能够说明没有因涉嫌重大违法违规正在被调查或者处于整改期间的相关材料。

3. 诚信记录良好材料，含企业征信报告，以及其他能够说明诚信记录良好的相关材料。

4. 备付金安全承诺。

5. 公司合规经营情况说明，含最近 3 年经营情况、被投诉举报情况、受到行政处罚或者被采取监管措施情况，以及上述相关问题的整改情况。

（三）股东会或者其他有权决定机构同意申请人拟变更的决议文件。

（四）调整方案和公告，包括业务调整方案和时间安排、用户权益保障、风险控制和舆情应对方案、支付业务信息处理方案、调整公告样式和其他需要说明的事项。

（五）涉及业务承接的，应当提交各有关方签订的承接协议复印件，支付业务信息移交协议或者用户身份资料和交易记录移交协议复印件，与承接方的关联关系说明等。若承接方为非银行支付机构的，承接方应当提交承接后备付金安全承诺。

（六）申请材料真实性声明。

第三十八条 非银行支付机构申请变更董事、监事或者高级管理人员的，应当符合下列条件：

（一）拟变更后的董事、监事或者高级管理人员符合《条例》及本细则有关规定。

（二）最近3年无重大违法违规记录，中国人民银行及其分支机构根据审慎监管原则，责令非银行支付机构调整董事、监事或者高级管理人员的除外。

（三）诚信记录良好。

（四）备付金管理机制健全有效。

已经中国人民银行及其分支机构批准的非银行支付机构董事、监事在同一非银行支付机构内调任其他董事、监事职位的，或者高级管理人员在同一非银行支付机构内调任其他高级管理人员职位的，非银行支付机构无需提交变更申请，但应当于变更完成后10日内向住所所在地中国人民银行的分支机构报告调任情况。

第三十九条 非银行支付机构申请变更董事、监事或者高级管理人员的，应当向住所所在地中国人民银行的分支机构提交下列材料：

（一）书面申请，载明申请人基本情况、变更原因、变更前后人员情况等。

（二）申请人相关材料，包括：

1. 营业执照（副本）复印件和支付业务许可证复印件。

2. 无重大违法违规材料，含最近 3 年无重大违法违规记录承诺，以及其他能够说明没有因涉嫌重大违法违规正在被调查或者处于整改期间的相关材料。

3. 诚信记录良好材料，含企业征信报告，以及其他能够说明诚信记录良好的相关材料。

4. 备付金安全承诺。

5. 公司合规经营情况说明，含最近 3 年经营情况、被投诉举报情况、受到行政处罚或者被采取监管措施情况，以及上述相关问题的整改情况。

（三）股东会或者其他有权决定机构同意申请人拟变更的决议文件。

（四）拟变更后的董事、监事或者高级管理人员资质合规情况材料，参照本细则第十二条规定提供。

（五）申请材料真实性声明。

第四十条 非银行支付机构申请变更名称的，应当符合下列条件：

（一）拟变更后的名称符合《条例》有关规定。

（二）最近 3 年无重大违法违规记录。

（三）诚信记录良好。

（四）备付金管理机制健全有效。

第四十一条 非银行支付机构申请变更名称的，应当向住所所在地中国人民银行的分支机构提交下列材料：

（一）书面申请，载明申请人基本情况、变更原因、拟变更的名称等。

（二）申请人相关材料，包括：

1. 营业执照（副本）复印件和支付业务许可证复印件。

2. 无重大违法违规材料，含最近 3 年无重大违法违规记录承诺，以及其他能够说明没有因涉嫌重大违法违规正在被调查或者处于整改期间的相关材料。

3. 诚信记录良好材料，含企业征信报告，以及其他能够说明诚信记录良好的相关材料。

4. 备付金安全承诺。

5. 公司合规经营情况说明，含最近 3 年经营情况、被投诉举报情况、受到行政处罚或者被采取监管措施情况，以及上述相关问题的整改情况。

（三）股东会或者其他有权决定机构同意申请人拟变更的决议文件。

（四）申请材料真实性声明。

第四十二条 非银行支付机构申请变更注册资本的，应当符合下列条件：

（一）拟变更后的注册资本符合《条例》及本细则有关规定。

（二）因注册资本变更导致非银行支付机构主要股东和实际控制人变更的，拟变更后的主要股东和实际控制人符合《条例》及本细则有关规定。

（三）最近 3 年无重大违法违规记录。

（四）诚信记录良好。

（五）备付金管理机制健全有效。

第四十三条 非银行支付机构申请变更注册资本的，应当向住所所在地中国人民银行的分支机构提交下列材料：

（一）书面申请，载明申请人基本情况、变更原因、变更方案、变更前后注册资本和股权结构情况等。

（二）申请人相关材料，包括：

1. 营业执照（副本）复印件和支付业务许可证复印件。

2. 无重大违法违规材料，含最近 3 年无重大违法违规记录承诺，以及其他能够说明没有因涉嫌重大违法违规正在被调查或者处于整改期间的相关材料。

3. 诚信记录良好材料，含企业征信报告，以及其他能够说明诚信记录良好的相关材料。

4. 备付金安全承诺。

5. 公司合规经营情况说明，含最近 3 年经营情况、被投诉举报情况、受到行政处罚或者被采取监管措施情况，以及上述相关问题的整改情况。

（三）股东会或者其他有权决定机构同意申请人拟变更的决议文件。

（四）拟增加注册资本的，应当提供资金来源说明。

（五）申请材料真实性声明。

第四十四条 非银行支付机构同时涉及多项变更事项的，应当按照《条例》及本细则有关规定一次性提出申请。多项变更事项涉及相同申请材料的，非银行支付机构无需重复提交。

多项变更事项同时涉及由中国人民银行和中国人民银行的分支机构决定的，由中国人民银行的分支机构受理、初步审查后报中国人民银行审查、决定。

第四十五条 非银行支付机构申请变更本细则第二十一条第一款第一项至第四项事项，系统重要性非银行支付机构申请变更本细则第二十一条第一款第五项事项的，中国人民银行的分支机构应当自受理申请之日起初步审查，并将非银行支付机构变更申请材料、行政许可受理通知书和初步审查意见报送中国人民银行。中国人民银行自中国人民银行的分支机构受理申请之日起3个月内作出批准或者不予批准的决定。

非系统重要性非银行支付机构申请变更本细则第二十一条第一款第五项事项的，中国人民银行的分支机构应当自受理申请之日起3个月内作出批准或者不予批准的决定，并及时将决定抄报中国人民银行。

非银行支付机构申请变更本细则第二十一条第一款第六项事项的，中国人民银行的分支机构应当自受理申请之日起1个月内作出批准或者不予批准的决定，并及时将决定抄报中国人民银行。

非银行支付机构同时涉及多项变更事项的，适用较长审查期限。

第四十六条 非银行支付机构应当根据准予行政许可决定及时办理变更事项，于变更完成后10日内向中国人民银行的分支机构书面报告完成情况。

非银行支付机构未能根据准予行政许可决定在90日内办理变更事项的，应当将未变更原因、后续工作安排等情况书面报告中国人民银行的分支机构。未书面报告或者报告理由不充分的，中国人民银行的分支机构可以区别不同情形采取约谈、责令整改等措施。

第三节　终　　止

第四十七条 非银行支付机构申请终止支付业务的，应当向住所所在地中国人民银行的分支机构提交下列材料：

（一）书面申请，载明公司基本情况、支付业务开展情况、拟终止支付业务类型和终止原因等。

（二）营业执照（副本）复印件和支付业务许可证复印件。

（三）股东会或者其他有权决定机构同意申请人拟终止支付业务的决议文件。

（四）支付业务终止方案。

中国人民银行的分支机构依法受理符合要求的申请，自受理申请之日起20日内初步审查完毕，并将申请材料和初步审查意见报送中国人民银行。中国人民银行自收到中国人民银行的分支机构报送的申请材料和初步审查意见之日起 20 日内，作出批准或者不予批准的决定。准予终止的，非银行支付机构应当按相关规定完成支付业务终止工作，交回支付业务许可证。

第四十八条 本细则第四十七条所称支付业务终止方案应当包括下列内容：

（一）支付业务终止整体安排。

（二）支付业务的资金和信息承接方情况，以及申请人与承接方关联关系说明。

（三）支付业务终止公告内容和公告方式。

（四）用户合法权益保障方案。

（五）支付业务信息处理方案。

（六）重大和突发事件应急预案。

（七）与承接方签订的支付业务信息、用户身份资料和交易记录移交协议，备付金承接协议。

用户合法权益保障方案应当包含对用户知情权、隐私权和选择权的保护措施，明确告知用户终止支付业务的原因、停止受理用户委托支付业务的时间、拟终止支付业务的后续安排；明确用户身份资料和交易记录的接收机构、移交安排、销毁方式和监督安排；明确备付金处理方案。

支付业务信息处理方案，应当明确支付业务信息的接收机构、移交安排、销毁方式和监督安排。

第四节 许可证及分支机构管理

第四十九条 非银行支付机构应当在经营场所显著位置公示支付业务许可证原件。非银行支付机构有官方网站的，还应当在官方网站主页显著位置公示其支付业务许可证的影像信息。

非银行支付机构分支机构应当在经营场所显著位置公示加盖法人公章的支付业务许可证复印件。

第五十条 支付业务许可证因不可抗力灭失、损毁的，非银行支付机构应当自其确认支付业务许可证灭失、损毁之日起10日内，采取下列一种或者多种方式连续公告3日：

（一）在住所所在地省级有影响力的报刊上公告。

（二）在非银行支付机构官方网站上公告。

（三）其他有效便捷的公告方式。

公告发出日期以最后张贴或者刊登日期为准。公告的具体内容应当包括公告事由、机构名称、住所、联系电话、声明原支付业务许可证作废等。公告的知晓范围应当至少覆盖非银行支付机构的经营地域范围。

第五十一条 非银行支付机构应当自公告支付业务许可证灭失、损毁结束之日起10日内持已公告材料向住所所在地中国人民银行的分支机构重新申领支付业务许可证。

中国人民银行的分支机构自收到申请材料之日起10日内完成初步审核，并将申请材料和初步审核意见报送中国人民银行。中国人民银行自收到中国人民银行的分支机构报送的相关材料之日起20日内为非银行支付机构补发支付业务许可证。

第五十二条 非银行支付机构支付业务许可证要素发生变化的，应当向住所所在地中国人民银行的分支机构申请换发支付业务许可证。

中国人民银行的分支机构自收到申请材料之日起10日内完成初步审核，并将申请材料和初步审核意见报送中国人民银行。中国人民银行自收到中国人民银行的分支机构报送的相关材料之日起20日内为非银行支付机构换发支付业务许可证。

第五十三条 非银行支付机构根据《条例》第十二条设立分支机构的，应当分别向非银行支付机构法人及其分支机构住所所在地中国人民银行的分支机构备案，并提交下列材料：

（一）非银行支付机构法人的法定代表人签署的书面报告，包括分支机构名称、公司治理架构、拟从事的支付业务类型等。

（二）加盖法人公章的支付业务许可证复印件。

（三）分支机构营业执照（副本）复印件。

（四）分支机构住所和管理人员相关材料。

非银行支付机构分支机构备案材料发生变更的，应当在变更完成后10日内向法人及其分支机构住所所在地中国人民银行的分支机构更换备案材料。

非银行支付机构分支机构拟在其备案地终止已备案的所有或者部分支付业务的，应当于终止支付业务前向法人和分支机构住所所在地中国人民银行的分支机构报告。

第五十四条 本细则对行政许可程序未作规定的事项，适用法律、行政法规和中国人民银行关于行政许可的相关规定。

第三章 支付业务规则

第五十五条 《条例》所称储值账户运营分为储值账户运营Ⅰ类和储值账户运营Ⅱ类；支付交易处理分为支付交易处理Ⅰ类和支付交易处理Ⅱ类。

（一）原《非金融机构支付服务管理办法》规定的互联网支付，或者同时开展原《非金融机构支付服务管理办法》规定的互联网支付和移动电话支付（固定电话支付、数字电视支付）的，归入储值账户运营Ⅰ类。支付业务许可证登记的业务类型对应调整为储值账户运营Ⅰ类。

（二）原《非金融机构支付服务管理办法》规定的预付卡发行与受理、预付卡受理归入储值账户运营Ⅱ类，经营地域范围不变。支付业务许可证登记的业务类型对应调整为储值账户运营Ⅱ类（经营地域范围)、储值账户运营Ⅱ类（仅限于线上实名支付账户充值)、储值账户运营Ⅱ类（仅限于经营地域范围预付卡受理)。

(三）原《非金融机构支付服务管理办法》规定的银行卡收单归入支付交易处理Ⅰ类，经营地域范围不变。支付业务许可证登记的业务类型对应调整为支付交易处理Ⅰ类（经营地域范围)。

(四）仅开展原《非金融机构支付服务管理办法》规定的移动电话支付、固定电话支付、数字电视支付，不开展互联网支付的，归入支付交易处理Ⅱ类。支付业务许可证登记的业务类型对应调整为支付交易处理Ⅱ类。

第五十六条　《条例》所称合规管理制度、内部控制制度、业务管理制度、风险管理制度应当全面、完整反映法律、行政法规、中国人民银行规章和规范性文件的监管规定。

第五十七条　《条例》所称突发事件应急预案应当包括下列内容：

(一）支付业务系统连续性保障应急预案。

(二）备付金风险应急预案。

(三）用户信息泄露风险应急预案。

(四）其他可能危及非银行支付机构正常经营，损害用户合法权益的风险事件应急预案。

第五十八条　《条例》所称用户权益保障机制，是指保障用户财产安全权、知情权、自主选择权、公平交易权、受尊重权、信息安全权等基本权利的内控制度和工作机制。

用户权益保障机制包括用户信息安全保护机制、重要信息披露机制、投诉处理机制、损失赔付机制、支付业务终止过程中用户权益保障方案等。

中国人民银行及其分支机构按照法定职责和监管权限依法接收转办或者办理非银行支付机构用户投诉、信访、举报事项。

第五十九条　根据《条例》第二十八条，非银行支付机构净资产最低限额以备付金日均余额为计算依据，采取超额累退方式按照下列标准确定：

（一）备付金日均余额不超过 500 亿元人民币的部分，按照 5%计算。

（二）备付金日均余额超过 500 亿元人民币至 2000 亿元人民币的部分，按照 4%计算。

（三）备付金日均余额超过 2000 亿元人民币至 5000 亿元人民币的部分，按照 3%计算。

（四）备付金日均余额超过 5000 亿元人民币至 10000 亿元人民币的部分，按照 2%计算。

（五）备付金日均余额超过 10000 亿元人民币的部分，按照 1%计算。

非银行支付机构净资产最低限额应当不低于按照本条第一款第一项至第五项规定计算的加总值。

中国人民银行可以根据支付市场发展实际，动态调整前款比例的具体数值。

第六十条 系统重要性非银行支付机构应当根据中国人民银行有关规定，结合业务规模等因素，满足附加要求。

系统重要性非银行支付机构管理办法由中国人民银行另行制定。

第六十一条 非银行支付机构应当对用户身份资料自业务关系结束后或者一次性交易结束后至少保存 5 年，对交易记录自交易结束后至少保存 5 年。

司法机关正在调查的可疑交易或者违法犯罪活动涉及用户身份资料和交易记录，且相关调查工作在前款规定的最低保存期届满时仍未结束的，非银行支付机构应当将其保存至调查工作结束。

法律、行政法规对用户身份资料和交易记录有更长保存期限要求的，从其规定。

第六十二条 非银行支付机构调整支付业务的收费项目或者收费标准的，原则上应当至少于调整施行前30个自然日，在经营场所、官方网站、公众号等醒目位置，业务办理途径的关键节点，对新的支付业务收费项目或者收费标准进行持续公示，在办理相关业务前确认用户知悉、接受调整后的收费项目或者收费标准，做好协议换签或者补签等相关工作，并保留用户同意的记录。

第四章 监督管理

第六十三条 《条例》第四十一条、第四十三条所列事项报告程序和要求适用中国人民银行关于非银行支付机构重大事项报告、网络安全风险和事件报告管理的有关规定。

第六十四条 非银行支付机构变更法定代表人、住所（同省、自治区、直辖市）、公司章程的，应当在变更完成后10日内向住所所在地中国人民银行的分支机构报告。报告材料包括变更报告、变更后的公司章程和营业执照（副本）复印件等。

非银行支付机构变更受益所有人的，应当在变更完成后10日内向住所所在地中国人民银行的分支机构报告。

上市非银行支付机构变更非主要股东的，应当于每季度初10日内向住所所在地中国人民银行的分支机构报告。其他非银行支付机构变更非主要股东的，应当在变更完成后10日内向住所所在地中国人民银行的分支机构报告。

非银行支付机构应当对变更事项的合法性、真实性、有效性负责，积极配合中国人民银行的分支机构开展股权穿透式监管，不得瞒报、虚报、漏报。中国人民银行的分支机构对非银行支付机构变更事项存在疑问的，可以要求非银行支付机构补充说明。

第六十五条 中国人民银行的分支机构应当加强属地管理，对非银行支付机构股权实施持续监管和穿透式监管，及时掌握对非银行支付机构经营管理可能产生重大影响的非主要股东或者受益所有人变化情况，防范非主要股东或者受益所有人通过一致行动安排等方式规避监管。

第六十六条 中国人民银行及其分支机构应当加强非银行支付机构行政许可事项办理过程记录，完善非银行支付机构行政许可事项案卷管理制度，妥善保存非银行支付机构行政许可材料、审查记录、核实记录和相关证据材料等。

第六十七条 中国人民银行及其分支机构按照中国人民银行关于执法检查的相关规定，依法对非银行支付机构实施现场检查和非现场检查。

第六十八条 《条例》所称擅自设立非银行支付机构、从事或者变相从事支付业务，是指未经中国人民银行批准，根据用户提交的电子支付指令转移货币资金等情形，以及中国人民银行在有关业务规则中认定的其他情形。

第五章 法律责任

第六十九条 非银行支付机构违反《条例》有关规定的，中国人民银行及其分支机构可以依据《条例》进行处罚。

第七十条 未经依法批准，擅自设立非银行支付机构、从事或者变相从事支付业务的，中国人民银行指导中国人民银行的分支机构依法予以取缔。中国人民银行及其分支机构可以依据《条例》进行处罚。涉嫌构成犯罪的，依法移送司法机关追究刑事责任。

第七十一条 非银行支付机构主要股东、控股股东、实际控制人违反《条例》有关规定的，中国人民银行及其分支机构可以依据《条例》进行处罚。

第七十二条 非银行支付机构违反本细则第五十九条规定的，中国人民银行及其分支机构可以依据《条例》第四十九条第二项规定进行处罚。

第六章　附　　则

第七十三条　《条例》施行前已按照有关规定设立的非银行支付机构，应当在过渡期结束前达到《条例》及本细则关于非银行支付机构设立条件以及净资产与备付金日均余额比例的规定。其他规定自本细则施行之日起执行。

各非银行支付机构的过渡期为本细则施行之日至其支付业务许可证有效期截止日，过渡期不满12个月的，按12个月计。

第七十四条　《条例》施行之日起，各类支付业务规则暂沿用预付卡、网络支付、条码支付、银行卡收单等现行制度规定。中国人民银行现行制度文件中涉及非银行支付机构支付业务类型的有关规定，按本细则第五十五条规定的对应关系调整后执行。

第七十五条　《条例》所称主要股东，是指出资额占非银行支付机构资本总额10%以上或者其持有的股份占非银行支付机构股本总额10%以上的股东；以及出资额或者持有股份的比例虽然不足10%，但对非银行支付机构经营管理有重大影响的股东。

前款所称重大影响，包括通过协议，向非银行支付机构派驻董事、监事或者高级管理人员，或者以其他方式影响非银行支付机构的财务和经营管理决策，以及中国人民银行认定的其他情形。

本细则中的“日”均为工作日，“月”均为自然月，“以上”均含本数或者本级。

本细则所称合并主体，是指整体承接其他一家或者多家非银行支付机构支付业务并继续持有支付业务许可证的非银行支付机构。

本细则所称被合并主体，是指合并后注销支付业务许可证并解散的非银行支付机构。

本细则所称持证主体，是指分立后持有支付业务许可证并继续开展支付业务的非银行支付机构。

本细则所称净资产，是指非银行支付机构经会计师事务所审计的财务会计报告上所载的上一年度末净资产数值。

本细则所称备付金日均余额，是指最近 1 个自然年度（1 月 1 日至 12 月 31 日）内非银行支付机构每个自然日日终备付金余额的平均值。

第七十六条 本细则由中国人民银行解释。

第七十七条 本细则自发布之日起施行。《非金融机构支付服务管理办法》(中国人民银行令〔2010〕第 2 号发布)、《非金融机构支付服务管理办法实施细则》（中国人民银行公告〔2010〕第 17 号公布）同时废止。

中国人民银行有关部门负责人就《非银行支付机构监督管理条例实施细则》答记者问

2024 年 7 月 9 日，中国人民银行发布《非银行支付机构监督管理条例实施细则》（以下简称《实施细则》），中国人民银行有关部门负责人就《实施细则》回答了记者提问。

问：请简要介绍一下《实施细则》的起草背景和原则。

答：《非银行支付机构监督管理条例》（以下简称《条例》）是中央金融工作会议之后出台的金融领域首部行政法规，旨在全面加强非银行支付机构（以下简称支付机构）事前事中事后、全链条全领域监管，对支付机构的准入、业务规则、监管职责等作出了总体规定。《实施细则》作为《条例》配套的重要部门规章，进一步细化有关规定，确保《条例》可落地、可操作、可实施，推动行业规范健康发展。

《实施细则》起草过程中，主要把握以下原则：一是坚持依法行政。细化《条例》有关行政许可事项工作要求，推动行政许可工作依据充分、流程规范、公开透明。优化变更事项审批程序，提升审批效率。二是坚持稳中求进。保持监管工作的延续性和宏观政策取向一致性，明确新旧支付业务衔接方式，设置较为充足的过渡期，确保平稳过渡。三是坚持规范与发展并重。统筹发展与安全，结合市场实际，合理适度提高注册资本和净资产要求，提升支付机构风险防御能力，引导其回归本源，提高服务实体经济质量和水平。

问：《实施细则》的主要内容是什么？

答：《实施细则》共设置6章、77条。第一章“总则”，明确制定依据和监管权限。第二章“设立、变更与终止”，明确支付机构相关行政许可事项的申请材料、办理程序和时限要求，规定支付业务许可证管理、分支机构备案等事项。第三章“支付业务规则”，细化支付业务分类方式和新旧分类衔接关系、制度完备性、净资产与备付金日均余额比例要求等。第四章“监督管理”，明确重大事项和风险事件报告、执法检查等适用的程序规定，强化支付机构股权穿透式监管。第五章“法律责任”，明确中国人民银行及分支机构对支付机构及其主要股东、控股股东、实际控制人违规行为的处罚权限和措施等。第六章“附则”，主要规定过渡期安排等。

问：《实施细则》对支付机构设置了不同的过渡期时长，有何考虑？

答：根据相关规定，支付机构支付业务许可证有效期为5年。由于各支付机构设立时间不同，支付业务许可证到期日也不同。为保障行政许可相对人权利，《实施细则》将过渡期设置为《实施细则》施行日至支付业务许可证有效期截止日。《条例》施行前已设立的支付机构，拟继续从事核准的部分或全部支付业务的，应当向中国人民银行申请换发长期有效的支付业务许可证。此外，个别支付机构需要一定时间调整以满足净资产有关要求，为确保平稳过渡，《实施细则》对净资产与备付金日均余额比例要求也设置了同等时长的过渡期。

考虑到17家支付机构支付业务许可证分别于2024年7月9日和2025年3月25日到期，距离《实施细则》施行日较近，为保障这两批次支付机构具有充足的准备时间，《实施细则》将其过渡期放宽至12个月。

问：《实施细则》出台后，中国人民银行后续工作安排有哪些？

答：中国人民银行将严格落实《条例》和《实施细则》有关规定，加强对非银行支付行业的全链条监管，提升法治化、规范化水平，以服务实体经济为本，更好保护用户合法权益。一是开展宣传解读，及时答疑解惑，回应各方关切。二是抓紧完善相关制度规范，在充分征求各方意见的基础上做好相关制度文件立改废释工作，确保各项制度有效衔接。三是强化贯彻落实。根据有关工作安排，依法按程序开展支付业务许可证换发工作，督促支付机构坚守合规底线，推动非银行支付行业健康可持续发展。

（来源：中国人民银行网站）

指导案例、典型案例与解读

重庆破产法庭2023年度十大典型案例

（2024年6月29日）

目　录

1. 某某信托股份有限公司破产清算案

【基本案情】

某某信托股份有限公司（以下简称某某信托）是全国68家持有信

托牌照的信托机构之一，信托业务遍及全国 20 余省市。2020 年 7 月 17 日，某某信托被原银保监会接管，之后，某某信托信用危机并未解除，截至 2021 年 12 月 31 日，某某信托净资产为-67 亿元，具备破产原因。2022 年 7 月 6 日，重庆市第五中级人民法院（以下简称重庆五中院）裁定受理某某信托破产清算申请，指定清算组为管理人。

【审理情况】

裁定受理后，重庆五中院指导管理人在清理某某信托固有财产及核查债权外，重点处置其尚存的 150 只 345 亿元的信托产品。某某信托进入破产程序并不终止受托人职责，仍需处理信托事务，经管理人申请，法院许可某某信托继续经营。对信托产品负债，管理人单独发布信托债权申报公告，通知债权人另行申报信托债权。对受益人损失，先由信托财产承担，不足部分根据某某信托承担兜底责任和管理责任比例确定为普通破产债权。第一次债权人会议上，债权人审议行政接管期间清偿债务、支付清理费用等报告，由法院向债权人释明，获债权人追认。会议表决通过财产管理方案及变价方案，明确破产财产限于固有财产，信托财产处置由受益人决定。宣告破产前，管理人分别召开各只主动管理类信托产品受益人大会，受益人表决信托产品处置方案，管理人据此处置信托产品。按照府院联动会议精神，管理人组织清理事务管理类信托产品，无法清理的更换受托人为信保基金公司。2023 年 5 月 26 日，重庆五中院裁定宣告某某信托破产，某某信托破产财产被公开拍卖。某某信托破产财产经多轮拍卖，适宜变现的财产已全部变现，短期内不宜变现的财产已交由破产服务信托，破产财产已全部处置并分配完毕。信托产品已通过更换受托人或者终止后清算等方式处置完毕。2023 年 12 月 29 日，重庆五中院依法裁定终结某某信托破产清算程序。

【典型意义】

某某信托破产清算案系全国首例信托机构破产清算案，涉及利益主体多元、法律关系复杂、社会关注度高。案件的成功审结维护了债权人、信托投资人等主体的权益，彰显了我国以市场化法治化的破产防范化解金融风险的信心和决心。本案注重与金融监管机关协同配合，实现行政接管与破产程序有效衔接，“司法主导+金融强监管”的府院良性互动为维护金融安全与稳定提供实践经验；注重信托机构破产首案性探索，规范信托机构破产管理人职责及信托产品处置程序，明确信托财产隔离处置、信托机构责任承担方式等处理规则，填补了信托机构破产审理的法律空白；注重规范信托业健康发展，依法认定因违规行为需承担的管理责任，完善破产服务信托，助推信托机构改革转型。

2. 重庆三某通用动力机械有限公司破产清算案

【基本案情】

重庆三某通用动力机械有限公司（以下简称三某公司）成立于2001年，主营汽油发电机制造。三某公司在2016年停止经营后，将其主要资产（位于大渡口区核心位置的面积2000余平方米厂房）租赁给关联企业十九年，一次性收取全部租金。之后，三某公司仍资不抵债，经债权人申请，重庆五中院裁定受理对三某公司的破产清算申请。

【审理情况】

审理中，三某公司法定代表人王某不配合管理人工作，拖延移交财务资料并多次未经许可离开住所地，其母亲赵某、前妻伍某及关联企业向管理人申报高达4800余万元债权，关联企业还以尚在承租期为由拒绝管理人接管厂房。第一次债权人会议上，法院对王某的行为提出训诫，责令其配合管理人工作，要求管理人严格审查三某公司财务资料。第一次债权人会议后，王某仍不悔改，法院对王某予以拘留、罚款。通过梳理公司财务资料及银行流水发现，赵某、伍某及关联企业与三某公司存在大量资金往来，其申报的4800余万元债权并不属实。赵某利用监事身份挪用资金5000余万元，伍某侵占公司车辆，关联企业支付厂房租金来源不明，存在虚假租赁，且因附带长期租赁，厂房预估价值不足500万元。管理人审查后不予确认三者债权，并就其挪用资金、侵占财产、虚假租赁等行为分别提起诉讼，法院依法支持管理人诉请，判决伍某返还占用车辆、赵某退还挪用资金、解除厂房租赁合同并限期腾退。通过强制执行及强行接管，管理人收回被占用的车辆及厂房。2023年9月25日，重庆五中院宣告三某公司破产，管理人公开拍卖三某公司全部破产财产。通过公开拍卖，三某公司全部财产均已拍卖成交。收回的车辆最终以76100元成交。厂房按评估价1872万元起拍，经132次竞价后最终以2774万元成交，较带租赁时的预估价值溢价554.8%。担保债权、税款债权获全额清偿，普通债权清偿率由预估的零清偿提升至10%。2023年11月29日，重庆五中院裁定终结三某公司破产清算程序。

【典型意义】

本案是通过破产程序打击债务人逃废债的典型案例。实践中不乏债务人通过虚构债务、转移财产等手段逃废债务，进入破产程序后拒绝管理人接管，逃废债行为难以查实，直接损害债权人利益，严重破坏破产审理权威。本案针对法定代表人不配合管理人接管的行为对其依法拘留并罚款，对相关人员形成有力震慑，保障管理人顺利接管，有利破产程序推进。通过对财务资料严格审查，不予确认关联方虚构的债权、追回被转移的财产、解除对财产处置有重要影响的租赁合同，严厉打击债务人逃废债行为，实现破产财产价值最大化。破产财产通过公开拍卖以高溢价成交，担保债权及税款债权全额清偿，普通债权清偿率大幅提高，债权人利益得到最大保护，案件办理取得良好效果。

3. 重庆众某汽车工业有限公司破产清算案

【基本案情】

重庆众某汽车工业有限公司（以下简称重庆众某公司）系上市公司众某汽车股份有限公司在重庆设立的整车生产基地，也是众某汽车股份有限公司体系中设施设备最为先进完整的生产基地。湖南江某汽车制造有限公司系众某汽车股份有限公司体系中唯一具有整车生产资质的公司，重庆众某公司的生产线是湖南江某汽车制造有限公司保留整车生产资质的决定性因素。由于汽车市场竞争激烈、众某汽车销量不佳，重庆众某公司的经营收入大幅下降，导致无法清偿到期债务，债权人向法院申请重庆众某公司破产清算。众某汽车股份有限公司、湖南江某汽车制造有限公司也先后在当地法院进入破产重整程序。

【审理情况】

2021 年 5 月 25 日，重庆五中院裁定受理债权人对重庆众某公司提出的破产清算申请。2021 年 8 月 24 日，重庆众某公司第一次债权人会议表决通过了财产管理方案及财产变价方案等事项。根据重庆众某公司资产的实际情况，管理人在法院监督指导下，采取整体拍卖厂房及生产设备与分零拍卖其他资产相结合的方式变价处理财产，确保债权人利益最大化，保障债务人核心资产有效再次利用。2023 年 4 月，重庆众某公司的资产基本处置完毕。经过公开拍卖，买受人完整承接重庆众某公司厂房及生产设备，并将其整体出租给众某汽车股份有限公司、湖南江某汽车制造有限公司破产重整投资人，且已经恢复生产。2023 年 7 月 31 日，法院裁定终结重庆众某公司的破产清算程序。

【典型意义】

本案通过对破产企业核心资产的整体处置，助力关联企业重整，有效实现了企业运营价值的保留，维持了上下游产业链的完整性。重庆众某公司所在的重庆市璧山区拥有完善成熟的汽油车及电动车配套产业体系，该区有保留重庆众某公司原有生产线恢复生产能力的需求。在重庆众某公司已无重整价值和重整可行性的情况下，债权人会议决议以整体拍卖与分零拍卖相结合的方式变价处置破产财产，确保核心资产整体处置以提高债权清偿率。在重庆众某公司、众某汽车股份有限公司、湖南江某汽车制造有限公司均进入破产程序的情况下，加强不同省域政府、法院、管理人之间的沟通协调，强化信息共享、重要节点配合，形成工作合力，确保在资产处置过程中重庆众某公司汽车生产线完整，有效盘活资产，实现债务人财产价值最大化，并助力众某汽车股份有限公司、湖南江某汽车制造有限公司涅槃重生。

4. 中国天府某某集团公司（重庆）破产清算案

【基本案情】

中国天府某某集团公司（重庆）（以下简称天府某某集团）始建于 1936 年，是 20 世纪 80 年代中国八大饮料厂之一。之后经过合资、多次股权转让等，至 2005 年天府某某集团已停止生产经营，留有职工安置等问题尚待解决。天府某某集团享有的知名品牌、配方、工艺等通过出资等方式注入关联企业，得以继续生产存续。2022年12月9日，重庆某某资产管理有限公司（以下简称某某资管公司）向重庆五中院申请对天府某某集团进行破产清算。

【审理情况】

2022年12月29日，重庆五中院根据某某资管公司的申请，裁定受理天府某某集团破产清算一案，并依法指定管理人。法院指导管理人就破产受理前公司对职工安置房上权利义务概括转移情况进行全面核查和论证，最终认定划拨土地并非破产财产，地上房屋由企业与职工按照双方协议约定按份共有、享有权利。为维护绝大多数职工生活安定，同时考虑清理“僵尸企业”的需要，经过公示公告，并经共有人书面同意，认可并履行权利义务概括转移协议。2023年2月8日，法院组织召开第一次债权人会议，表决通过了《债务人财产管理方案》《破产财产分配方案》等，管理人及时将破产财产分配完毕，法院于2023年10月31日裁定终结破产清算程序。

【典型意义】

本案系在服务供给侧结构性改革的背景下，法院依法运用破产清算程序，实现国有“僵尸企业”快速出清、保护知名商标，解决历史遗留问题的典型案例。法院依法受理破产清算申请后，一方面，及时回应舆论关注，准确披露案件情况，引导公众正确区分企业破产与品牌存续之间的关系，确保在国有企业改革中已剥离的知名商标正常使用，也使品牌再次赢得了市场关注；另一方面，及时指导和监督管理人充分论证职工安置房的权属问题，准确确定破产财产范围，依法高效实现各类债权的受偿，避免国有资产流失。同时，积极协调破产企业上级主管部门依法区分和剥离划拨土地及相关权益，通过向职工当面宣讲、逐户落实等方式妥善解决职工安置问题，有效保障企业职工生存权。

5. 重庆商社某某现代农业开发有限公司破产重整案

【基本案情】

重庆商社某某现代农业开发有限公司（以下简称商社某某公司）成立于 2005 年 4 月 27 日，注册资本为 3200 万元，于 2014 年取得位于重庆市北碚区生态农业科技产业示范区 666. 94 亩土地使用权并进行分期开发建设。商社某某公司以委托代建方式开发项目 B 组团、D 组团。2021 年 12 月，代建项目因质量问题及资金短缺而陷入停工，已销售 425 套房屋合计建筑面积 39656. 69 平方米未交付。项目所涉各类矛盾突出，多次引发群体性维权信访，严重影响社会稳定。2022 年 3 月 29 日，商社某某公司向法院申请破产重整。

【审理情况】

2022 年 6 月 2 日，重庆五中院裁定受理商社某某公司的重整申请。2022 年 9 月 7 日，商社某某公司召开第一次债权人会议，表决通过了财产管理方案等事项。2022 年 11 月 2 日，管理人发布重整投资人招募公告。2023 年 1 月 3 日，管理人组织召开重整投资人推荐评选会，经评选，会议确定海南奥某康养管理有限公司为推荐中选投资人，广州汇某资本管理有限公司为推荐备选投资人，由债权人会议最终决定重整投资人人选。2023 年 2 月 10 日，商社某某公司第二次债权人会议召开，经表决选定海南奥某康养管理有限公司作为本案重整投资人，各债权人组及出资人组均表决通过重整计划草案。2023 年 3 月 23 日，重庆五中院裁定批准商社某某公司重整计划并终止重整程序。目前，重整计划正在有效执行中。

【典型意义】

本案是落实“保交楼、保民生、保稳定”政策的典型案例。案件审理中，法院依托府院协调机制，监督指导管理人妥善解决原总包单位退场、工程质量鉴定、工程竣工验收等重大问题；在坚持合法性审查的前提下，充分尊重债权人会议选择重整投资人的权利；做好信息披露工作，切实保障各类债权人在破产重整程序中的知情权和表决权；加强与政府相关部门的沟通联系，建立常态化联动机制，切实维护社会稳定。通过府院协调、府银协调、银企协调，成功筹集 1.1 亿元低息保交楼纾困资金，推动项目顺利复工续建，逐步解决历史遗留问题，实现了房屋交付、债务清偿等重整计划事项顺利执行。

6. 重庆市武隆区某某山旅游投资有限公司破产重整案

【基本案情】

重庆市武隆区某某山旅游投资有限公司（以下简称某某山旅投公司）是一家集旅游景区经营投资、酒店投资管理、房地产、商贸一体的民营企业，其投资开发的某景区位于某某山国家级旅游度假区核心区域，是一个包括大地艺术区、佛文化体验区、康养度假区等功能组团，心跳博物馆、竹音剧院等 20 多个景点，以及拥有众多国际国内影响力艺术作品的知名旅游景区。2020 年以来，受新冠疫情影响，某景区入园人数锐减，旅游收入大幅下降；受房地产行业政策及市场环境的影响，景区康养地产项目销售滞后，资金链紧张，公司经营陷入困境。

【审理情况】

2023 年 3 月 9 日，某某山旅投公司以其不能清偿到期债务且资产不足以清偿全部债务，但具有重整价值和挽救可能性向重庆五中院申请重整并同时申请预重整。2023 年 7 月 7 日，重庆五中院裁定受理某某山旅投公司重整申请；8 月 8 日，主持召开第一次债权人会议，表决通过了根据《重组协议》制订的重整计划草案；8 月 10 日，裁定批准重整计划并终止重整程序。

【典型意义】

本案中，法院充分发挥破产审判职能，运用重整制度，着力挽救困境民营旅游开发企业，助力文旅产业新融合。预重整期间，法院适度介入，预重整辅助机构协助债务人企业完成了审计评估、投资人招募等工作，制订了合法可行的《重组协议》，并经预重整债权人会议表决通过；进入重整程序后，法院认可预重整阶段对《重组协议》的表决结果，快速高效审结案件。本案通过共益债融资的方式实现对项目的复工续建及办证销售，创新采用“景区经营收益+景区营运资产出售+房地产项目出售”的方式回笼资金、综合清偿债务，不仅最大限度保障了债权人利益，盘活了某景区及某某山国家级旅游度假区旅游资源，同时助力当地继续做大做强旅游产业，实现了债权人利益保护、企业重生、旅游业振兴发展的有机统一。

7. 重庆柏某某瑞房地产开发有限公司破产重整案

【基本案情】

重庆柏某某瑞房地产开发有限公司（以下简称柏某某瑞公司）系四川蓝某发展股份有限公司全资项目子公司，开发位于重庆市江津区的某项目。因柏某某瑞公司建设资金链断裂，项目于2021年6月停工，工程仅完成项目开发建设进度的35%，已售住宅房屋2727套，不能按约交房。2022年7月18日，柏某某瑞公司向重庆五中院申请重整并同时申请预重整。预重整期间，柏某某瑞公司进行了资产评估和债权预申报及审查，并制订了《重组协议》；当地政府及时成立了项目处置工作领导小组及工作专班，对该项目实施帮扶；柏某某瑞公司股东出具确认书，授权投资人、管理人、债权人代表等共同组成的管理团队行使重整重大事项决策、经营管理权利。2022年11月1日，柏某某瑞公司召开预重整第一次债权人会议，表决通过了《重组协议》。此后，预重整辅助机构向重庆五中院提交预重整终结工作报告。

【审理情况】

2022年12月13日，重庆五中院裁定受理柏某某瑞公司破产重整申请；2023年1月4日，许可柏某某瑞公司继续营业，复工续建项目；2023年1月16日，主持召开了柏某某瑞公司第一次债权人会议，各债权组高票表决通过了在《重组协议》基础上制订的重整计划草案；2023年2月9日，批准了柏某某瑞公司重整计划，终止重整程序。本案仅55天即完成了受理破产重整申请至终止重整程序的审理。目前，重整计划已进入执行期，已售2727套房屋已全部顺利交付，复工续建工作正有序推进中。

【典型意义】

本案是运用清算式重整模式拯救房地产企业的典型案例。本案通过招募投资人，获得新的融资，在此基础上对项目进行复工续建，完成“保交楼”，并将剩余全部资产用于清偿债务。本案引入共益债融资，虽未调整出资人的股权份额，但限制了原出资人在重整计划执行期间参与重大事项决策和选择管理者权利，并将企业资产百分百用于清偿债务，最终注销企业，以此实现对出资人权益的调整。预重整期间为项目复工续建借入的“封闭运行、专款专用”的专项借款，虽然产生于法院受理破产申请前，但是系为全体债权人共同利益产生的债务，可参照破产共益债务处理。本案确保了向购房户顺利交房、投资人的回款安全、债务人资产价值最大化，并提升了债权人的受偿比例，实现了各方利益共赢。

8. 重庆中机某某热电有限公司破产重整案

【基本案情】

重庆中机某某热电有限公司（以下简称中机某某公司）为当地重要能源企业，其名下的热电联产项目是重庆市“十二五”重点能源建设项目，公司主营的双公用热电厂符合国家产业政策，具有重要的经济价值和社会价值。2020年6月，中机某某公司因实际控制人违规占用大量资金并对外提供担保，出现资金链断裂，生产经营一度停滞。2022年9月27日，中机某某公司向重庆五中院申请重整并同时申请预重整。预重整期间，中机某某公司公开招募投资人，并拟定《重组协议》提交预重整债权人会议分组表决通过。2023 年 2 月 28 日，中机某某公司预重整辅助机构向重庆五中院提交预重整终结报告。

【审理情况】

2023 年 3 月 9 日，重庆五中院裁定受理中机某某公司的重整申请，并指定预重整辅助机构担任管理人。2023 年 4 月 12 日，法院主持召开中机某某公司第一次债权人会议，对《中机某某公司重整计划（草案）》进行分组表决，各组均表决通过。2023 年 4 月 28 日，法院批准重整计划并终止重整程序。目前，重整计划进入执行期，运营板块已经过户至联合投资人成立的新公司名下，且 200 余名原公司职工全部在新公司就职，主要事项已经执行完毕，债权按期清偿，企业生产经营稳定。

【典型意义】

本案是法院充分运用重整程序拯救国有危困企业、盘活国有资产的典型案例。根据债务人资产负债特点，打破传统资产分类，将企业划分为运营板块和非运营板块，对于运营板块通过市场化招募投资人，并以整体打包购买方式，保留企业运营价值，保障 200 余名职工就业稳定，维持上下游产业链 10 余省市 300 余家企业正常生产经营。上游原材料供应端与下游电力销售端的两家龙头国有企业联合成立项目公司作为投资人，有效连接了中机某某公司上下游企业的合作，有助于充分发挥运营板块资产的效益，进一步盘活国有资产，在最大程度上保障区域能源供给。同时，在案件办理过程中，将府院协调机制向后延伸，确保重整计划顺利执行。政府成立工作专班，配合协调处理破产衍生问题，用法治方式推动有效市场和有为政府更好结合。本案的成功审结为助推国有经济高质量发展、服务现代化新重庆建设提供了可复制、可推广的司法经验。

9. 重庆金某电力设备安装工程有限公司破产和解案

【基本案情】

重庆金某电力设备安装工程有限公司（以下简称金某公司）注册资本 800 万元，公司经营范围为送变电工程专业承包、销售电力设备。因金某公司实际控制人突然病故，继任者经营不善，公司陷入债务困境。2023 年 1 月 12 日，债权人向重庆五中院申请对金某公司破产清算。

【审理情况】

2023 年 3 月 6 日，重庆五中院裁定受理金某公司破产清算一案。进入破产清算程序后，法院指导管理人积极与金某公司及各债权人沟通协调，促成金某公司以引进投资人与债权人和解方式脱困。2023 年 8 月 8 日，法院裁定转入和解程序。2023 年 8 月 15 日，金某公司第三次债权人会议表决通过和解协议草案。2023 年 8 月 17 日，法院裁定认可和解协议并终止金某公司和解程序。2023 年 12 月 21 日，和解协议执行完毕，公司恢复正常经营。

【典型意义】

民营经济是推动中国经济发展及解决就业问题的生力军，促进民营经济发展离不开法治保障。本案是通过破产清算转和解程序，实现债权人利益保护、债务人财产价值最大化以及拯救小微企业有机统一的典型案例。金某公司的送变电工程专业承包三级资质仅在其存续状态下才有价值。法院指导管理人全面披露信息，经充分沟通促成债务人与债权人形成和解意向，在破产清算程序中，拟定以公开招募投资人一次性清偿部分债权、出资人权益全部调整给投资人为主要内容的和解协议草案，并召开债权人会议预表决通过和解协议草案。转入和解程序后，法院依法裁定认可和解协议。本案在和解程序中，创新采用招募投资人，调整出资人权益，用投资款偿债而非用企业未来经营所得偿债的方式，无须拟定投资经营方案，快速实现了债权清偿。法院裁定认可和解协议后，投资人及时履行投资义务，同步开展信用修复工作。本案中，法院贯彻落实破产保护理念，运用破产和解制度，简便快捷清理债权债务，有效实现债权人、债务人、投资人等多方共赢。

10. 重庆丰某物业管理有限公司破产和解案

【基本案情】

重庆丰某物业管理有限公司（以下简称丰某物业公司）于2012年4月20日登记成立，注册资本50万元，经营范围为物业管理。因经营管理不善，企业资金入不敷出，陷入债务危机。2023年6月23日，债权人以丰某物业公司无力清偿到期债务且明显缺乏清偿能力为由，向重庆五中院申请对丰某物业公司进行破产清算。

【审理情况】

2023年6月29日，重庆五中院裁定受理丰某物业公司破产清算一案。案件审理过程中，管理人调查发现丰某物业公司尚在经营中，其为6处物业2013户业主提供物业服务，所服务物业大部分属于老旧小区，物业费标准低、收取率低，造成公司经营出现困难。管理人通过与当地街道、社区以及其他物业服务公司沟通了解得知，若丰某物业公司清算注销，几乎无其他物业服务公司愿意为上述6处物业提供服务。为保障物业服务不中断，维持小区业主正常生活秩序，同时保护债权人的合法权益，法院指导管理人协助丰某物业公司积极与全体债权人沟通协调，与全体债权人自行达成偿还债务的协议。2023 年 9 月 14 日，法院裁定认可和解协议并终结破产程序。

【典型意义】

本案是由债务人与全体债权人自行达成和解协议解决民生问题的典型案例。本案办理时间较短，处理效果好，从受理到裁定终结破产程序不到三个月。通过和解，丰某物业公司主体资格得以保留并持续经营，以未来经营利润偿还债务，最大限度保护了债权人合法权益。丰某物业公司继续为案涉 6 处物业 2013 户业主提供物业服务，满足了业主现有条件下维持生活现状的需求，实现了债权人利益保护和小区业主民生权益维护的双赢。

法答网精选答问

法答网精选答问（第六批）（节录）

问题3：商标权纠纷案件中，法院在审查被告所提合法来源抗辩是否成立时应当把握何种标准？

答疑意见：合法来源抗辩是侵害商标权案件中的常见抗辩事由，商标法第六十四条第二款对此有相应规定。司法实践中，判断合法来源抗辩是否成立，应当从主、客观两方面进行审查。客观方面须审查被诉侵权商品是否由销售者、使用者合法取得，主观方面须审查销售者、使用者是否不知道或不应当知道被诉侵权商品构成侵权。主、客观要件相互联系，不可分割，且客观要件的审查对于认定主观要件是否成立具有重要意义。最高人民法院曾在“纳益其尔”商标侵权系列案［（2022）最高法民再274、275、276、277、278号］中明确了合法来源抗辩主客观要件需要考量的因素。具体而言，对于客观要件方面的审查，应当综合考虑销售者所处的市场地位、权利人维权成本以及市场交易习惯等因素，对销售者的举证责任作出合理要求。对于在市场经营活动中处于较弱地位的个体零售经营者，考虑到其通常采取的交易方式较为灵活、专业程度不高等因素，不宜过于苛求其证据形式要件的完备，只要其提供的证据符合一般交易习惯，能够指明被诉侵权商品供货商的真实身份信息，以及系通过合法购货渠道和合理价格购入，就应当认为该销售者已经尽到举证责任。对于主观要件方面的审查，应当从审查被诉侵权商品合法来源的证据着手，结合销售者的经营规模、专业程度、市场交易习惯等进行综合判断。销售者提供的合法来源证据与其注意义务程度相当的，可以推定其主观上不知道也不应当知道所销售的系侵权商品。

咨询人：姜琨琨/北京市高级人民法院民三庭

答疑专家：晏景/最高人民法院民三庭

问题4：承运人为货主投保海上货物运输险，并告知保险人不得行使代位求偿权即放弃向承运人追究货损责任，此类保险合同是否有效？

答疑意见：如果双方订立的海上货物运输保险合同本身不存在无效、可撤销等效力问题，合同中约定保险人不得向投保人行使代位求偿权，无论该条款本身效力如何，都不应影响保险合同整体的效力。至于当事人在海上货物运输保险合同中约定的保险人不得向投保人行使代位求偿权条款，一般也应认为有效。《最高人民法院关于适用〈中华人民共和国保险法〉若干问题的解释（四）》第八条规定："投保人和被保险人为不同主体，因投保人对保险标的的损害而造成保险事故，保险人依法主张代位行使被保险人对投保人请求赔偿的权利的，人民法院应予支持，但法律另有规定或者保险合同另有约定的除外。"一方面，法律上未禁止在财产保险合同中约定保险人不得向投保人行使代位求偿权。代位求偿权系保险人的权利，保险人在保险合同中自愿放弃向投保人代位求偿的权利，嗣后又违背诚信原则向投保人代位求偿，不应支持。另一方面，保险人之所以同意放弃代位求偿权，一般系出于商业利益考量，一些较大的货运企业往往掌握有大量的货源即货运险业务来源，保险人以放弃代位求偿权为代价换取大量稳定的业务，系保险人在精算基础上所作的商业安排，互利共赢且不损害第三人利益，司法裁判应当尊重当事人意思自治，保护在实践中形成的、不违反法律强制性规定的商业交易模式。如果保险合同对于保险人放弃代位求偿权附有条件，比如，预约保险合同中约定申报的货物数量达到一定的量后，才有权要求保险人放弃对投保人行使代位求偿权，投保人对保险人行使代位求偿权的抗辩，也要符合合同约定的条件。

另外，虽然在保险人没有代位求偿权的情况下，可能存在承运人与货主联合骗保的道德风险问题，但该风险无论保险人是否有代位求偿权都始终存在，归根结底属于理赔中的事故认定问题，故并非本问题所考虑的范畴，保险公司如发现不存在真实发生的保险事故，可以不予理赔。还有观点认为，保险人预先放弃代位求偿权可能导致承运人不积极履行其谨慎管货的义务。对此，个人认为，一方面，货主针对承运人过错造成的损失可以选择直接向承运人主张赔偿，另一方面，保险人也会根据承运人的业务履行情况考虑后续合同签订和条款约定，市场会平衡双方利益，故不影响合同中保险人自愿放弃行使代位求偿权条款的效力。

咨询人：谢振衔/上海海事法院海商审判庭

答疑专家：金晓峰/上海市高级人民法院海事及海商审判庭

新类型疑难案例选评

广东骆驼服饰有限公司诉厦门市梦某旅途户外用品有限公司等侵害商标权纠纷案

蔡 伟* 陈 颖**

【裁判要旨】

对于严重侵害知识产权的行为，无论采用计量性方式还是裁量性方式确定赔偿数额，均可体现合理的惩罚。商标侵权纠纷中适用法定赔偿时，在权利人商标知名度较高、侵权人侵权恶意明显的情况下，可考虑惩罚性因素，在法定赔偿的幅度内就高确定赔偿金额，充分体现过罚相当的裁判导向。

【基本案情】

原告：广东骆驼服饰有限公司（以下简称骆驼公司）。

被告：厦门市梦某旅途户外用品有限公司（以下简称梦某公司）、厦门傲某之旅户外用品有限公司（以下简称傲某公司）。

* 作者单位：福建省高级人民法院。
** 作者单位：福建警察学院。

原告骆驼公司系“骆驼”系列图文商标的权利人。原告认为两被告生产、销售的户外帐篷和睡垫等产品上使用了与原告的权利商标近似的商标，构成商标侵权，向一审法院起诉请求判令两被告停止侵权、消除影响并赔偿经济损失 200 万元。

一审法院福建省厦门市中级人民法院认定事实如下：

骆驼公司系“ ”系列图文商标的权利人。

骆驼公司委托公证机构对两被告销售被控侵权产品的行为进行了证据保全。在网络销售平台两被告店铺的商品展示页面中，商品中出现“ TAN XIAN CAMEL”的标识。骆驼公司从上述店铺购买的商品外包装、吊牌及商品表面均出现“ ”的标识。被诉侵权产品的销售企业信息显示为梦某公司和傲某公司。

经一审法院签发调查令，浙江淘宝网络有限公司、杭州阿里巴巴广告有限公司及支付宝（中国）网络技术有限公司分别就梦某公司、傲某公司的销售数量、金额等相关信息进行回复。骆驼公司认为，梦某公司在阿里巴巴平台销售额为 4286519.64 元、淘宝平台销售额为 835985.65 元；傲某公司在淘宝平台的销售额为 2030979.01 元。梦某公司和傲某公司对上述数据均不予确认，认为骆驼公司统计的金额包含大量其他产品的销售额，仅认可涉案产品的销售额在淘宝平台为 49004.31 元、阿里巴巴平台为 1099131.72 元，且阿里巴巴平台存在多单刷单的销售情况。

【审判】

一审法院审理后认为：

骆驼公司是涉案注册商标所有权人，涉案注册商标处于有效期内，依法应予以保护。骆驼公司有权使用上述注册商标，并有权以自己的名义对侵犯上述注册商标专用权的行为提起诉讼并取得赔偿款项，因此骆驼公司有权提起本案诉讼。从骆驼公司经公证的事实可知，梦某公司、傲某公司经营的网店中均出现“ ”标识，并使用“骆驼”字样。骆驼公司亦从梦某公司、傲某公司经营的网店中购买到出现上述标识及字样的产品。该“ ”标识，与骆驼公司所有的第 10941482 号和第 10941479 号“ ”注册商标相比，二者整体均为头朝左站立的骆驼图形，仅在骆驼形态、站立姿势和驼峰处有细微差别。骆驼公司的“骆驼”系列商标在市场上享有较高的知名度，而被诉侵权产品上均使用“骆驼”文字，且被诉侵权产品与骆驼公司注册商标核定使用商品种类相符。以一般注意力为标准，相关公众易认为被诉侵权商品来源与骆驼公司或与骆驼公司的涉案注册商标具有特定的联系，导致相关公众的混淆和误认。因此，被诉侵权商品的商标与原告的注册商标构成近似商标。根据商标法第五十七条的规定，梦某公司、傲某公司均已经构成侵犯骆驼公司商标权，应当承担相应的侵权责任，骆驼公司要求梦某公司、傲某公司停止侵权、赔偿损失存在事实和法律依据，依法应予以支持。虽然相关企业提供了梦某公司、傲某公司的销售情况，但原、被告双方统计数据相差较大，骆驼公司统计的销售数据并非全部为被诉侵权产品的销售数据，其所称梦某公司、傲某公司的销售额高达数百万元并无充分证据予以佐证。骆驼公司无法举证其所受损失或梦某公司、傲某公司所获收益，也未举证其支出的合理费用，故一审法院综合考虑原告注册商标的知名度和声誉，侵权产品的种类、售价、销量，侵权者的主观过错程度，侵权形式、后果、期间，以及权利人为制止侵权行为所支付的合理开支等因素，酌定梦某公司、傲某公司赔偿原告损失 20 万元

(含合理费用)。骆驼公司诉求梦某公司、傲某公司承担连带责任，因两家公司系同一法定代表人，侵权行为存在一致性，故可认定两家公司构成共同侵权，承担连带责任。至于骆驼公司诉求两家公司停止生产、销毁库存商品，其并未举证证明梦某公司、傲某公司存在生产侵权商品及仍存有侵权商品的事实，故不予支持。骆驼公司另诉求梦某公司、傲某公司消除影响及公开道歉，但均未提交相关证据，亦予以驳回。

一审法院判决：（1）梦某公司、傲某公司停止侵权；（2）梦某公司、傲某公司连带赔偿骆驼公司经济损失 20 万元（含维权合理费用）；（3）驳回骆驼公司其他诉讼请求。

一审法院宣判后，原、被告均不服，依法向二审法院福建省高级人民法院提起上诉。

骆驼公司上诉请求：（1）维持一审判决第一项；（2）撤销一审判决第二项和第三项；（3）判令梦某公司、傲某公司连带赔偿骆驼公司经济损失及合理费用共计 200 万元；（4）判令梦某公司、傲某公司立即停止生产、销售或许诺销售侵犯骆驼公司第 10941482 号、第 10941479 号、第 16925772 号、第 11644220 号、第 16925880 号、第 23020181 号注册商标专用权的商品，并销毁库存侵权商品；（5）判令梦某公司、傲某公司在其阿里巴巴店铺、淘宝店铺等显著位置就其侵权行为刊登不少于 30 天的声明，澄清事实、消除影响，并向骆驼公司公开道歉；（6）判令由梦某公司、傲某公司承担本案一审、二审的诉讼费、保全费。事实和理由：一审判决梦某公司、傲某公司连带赔偿骆驼公司经济损失和合理费用 20 万元过低。梦某公司、傲某公司销售侵权产品金额高达 700 余万元，获利超过 200 万元。经向浙江淘宝网络有限公司、杭州阿里巴巴广告有限公司等相关企业调取梦某公司、傲某公司所开设网店中帐篷和睡袋全部的销售数据，从销售数据中“商品名称”或“消费名称”项目栏筛选出关键词为“骆驼”的交易商品，并从“支付状态”或“交易状态”项目栏筛选出关键词为“交易成功”的订单，统计得出梦某公司、傲某公司因侵犯骆驼公司商标专用权所得利润已超过 100 万元。梦某公司、傲某公司的行为系恶意侵犯商标专用权，情节严重，应适用惩罚性赔偿，原因在于：第一，梦某公司、傲某公司在明知骆驼公司的“骆驼”商标具有较高知名度的情况下，使用与骆驼公司商标相似或相同的商标，具有侵害商标权故意，其主观恶意较大。第二，梦某公司、傲某公司的侵权行为持续时间长、涉及地域范围广。第三，梦某公司、傲某公司侵权获利巨大，并给骆驼公司造成巨大损失。第四，骆驼公司为制止侵权行为付出了巨大的成本。

梦某公司、傲某公司上诉请求：依法改判梦某公司和傲某公司无须赔偿骆驼公司经济损失 20 万元。事实和理由：被诉商标“”及梦某公司、傲某公司自有商标“”均与骆驼公司“”商标有明显区别，不会导致混淆，一审判决事实认定错误，梦某公司、傲某公司不构成商标侵权，无须进行赔偿，二审应当予以改判。

(二审法院另查明事实略)

二审法院认为，本案二审争议的焦点是：（1）梦某公司、傲某公司的被诉行为是否侵害了原告涉案注册商标专用权；（2）若侵权成立，一审确定的赔偿金额是否合理。

关于第一个争议焦点。商标法第五十七条规定：“有下列行为之一的，均属侵犯注册商标专用权：（一）未经商标注册人的许可，在同一种商品上使用与其注册商标相同的商标的；（二）未经商标注册人的许可，在同一种商品上使用与其注册商标近似的商标，或者在类似商品上使用与其注册商标相同或者近似的商标，容易导致混淆的；（三）销售侵犯注册商标专用权的商品的；……”《最高人民法院关于审理商标民事纠纷案件适用法律若干问题的解释》第九条第二款规定：“商标法第五十七条第（二）项规定的商标近似，是指被控侵权的商标与原告的注册商标相比较，其文字的字形、读音、含义或者图形的构图及颜色，或者其各要素组合后的整体结构相似，或者其立体形状、颜色组合近似，易使相关公众对商品的来源产生误认或者认为其来源与原告注册商标的商品有特定的联系。”本案中，被诉侵权产品为帐篷、充气垫等户外用品，分别与骆驼公司第 10941482 号“ ”商标及第 23020181 号“CAMEL”商标核定使用类别中的“帐篷”“蒙古包”、第 16925772 号“骆驼”商标及第 16925880 号“CAMEL”商标核定使用类别中的“非医用气垫”“野营用睡垫”相同。梦某公司在其经营的淘宝店铺“探险骆驼帐篷商城”及阿里巴巴店铺“厦门市梦某旅途户外用品有限公司”展示的部分商品中使用“ ”标识、商品标题中使用“骆驼”“正品骆驼”字样，在销售的帐篷、充气垫的外包装、吊牌及产品上使用“ ”和“骆驼图形+sha mo camel”文字、“自由之舟骆驼”标识，以及傲某公司在其经营的淘宝店铺“探险骆驼帐篷商城”中展示的部分商品中使用“ ”标识，均属识别商品来源的商标性使用。将被诉侵权的三个标识与涉案“ ”“骆驼”“CAMEL”分别进行比对：被诉侵权的两个图形标识分别系一个圆圈内含骆驼图形+“TAN XIAN CAMEL”和一个圆圈内含骆驼图形+“sha mo camel”的上下结构，其中上方的骆驼图形与涉案“ ”商标均为头朝左、目视前方站立的骆驼，二者仅在骆驼形态、站立姿势和驼峰处有细微差别，构成近似；下方的“TAN XIAN CAMEL”或“sha mo camel”文字均为“探险”或“沙漠”的拼音加上“camel”大写或小写英文，而“CAMEL”系骆驼公司注册在第 20 类及第 22 类商品上的商标，二者亦构成近似。被诉侵权“自由之舟骆驼”“骆驼”“正品骆驼”标识中完整包含涉案“骆驼”商标文字，构成相同或近似。由于骆驼公司涉案“ ”“骆驼”“CAMEL”商标经其使用已具有了极高的知名度，考虑到被诉侵权商品销售链接存在直接标注“骆驼”或“正品骆驼”的情形，以及该商品上将骆驼图形与“camel”英文或“骆驼”中文结合使用的方式，施以一般注意力，相关公众容易将梦某公司、傲某公司销售的商品误认为与骆驼公司的涉案商标相关联，造成混淆、误认，该商品系侵害第 10941482 号、第 23020181 号、第 16925772 号及第 16925880 号商标专用权的商品。梦某公司、傲某公司销售侵权商品的行为，亦构成商标侵权。骆驼公司第 10941479 号及第 11644220 号商标核定使用的商品项目为第 24 类，与被诉侵权商品类别不相同也不相近似，二审法院对此不作比较分析。一审法院未将骆驼公司主张权利的六个商标分别与被诉侵权标识进行比较，判断不当，二审法院予以纠正。梦某公司系第 21559712 号“ ”商标的权利人，该商标的主要部分为“探险骆驼”字样，梦某公司和傲某公司使用“探险骆驼”字样应认为系对该注册商标的使用。梦某公司、傲某公司有关其不构成商标侵权的上诉理由，事实和法律依据不足，二审法院不予采纳。骆驼公司上诉称梦某公司、傲某公司具有生产被诉侵权产品的行为。对此，二审法院认为，从二审查明的梦某公司和傲某公司的经营范围来看，两家公司均系服装、鞋帽等商品批发、零售企业，并不包含生产、制造的经营范围，被诉侵权产品上亦未标明其系生产企业，在骆驼公司未进一步举证证明的情况下，本案现有证据不足以认定被诉侵权产品系梦某公司和傲某公司生产。骆驼公司的这一上诉主张，没有事实和法律依据，二审法院不予支持。

关于第二个争议焦点。梦某公司、傲某公司销售侵害骆驼公司涉案商标权的商品，依法应承担停止侵权、赔偿损失的法律责任。鉴于现有证据无法证明骆驼公司的实际损失或梦某公司和傲某公司的侵权获利，也无涉案商标许可使用费可供参照，本案应适用法定赔偿方式确定赔偿数额。一审法院确定由梦某公司和傲某公司共同赔偿骆驼公司经济损失（含合理费用）20万元不足以弥补骆驼公司的损失及合理开支。本案虽然适用法定赔偿方式确定赔偿数额，但在赔偿限度内基于侵权行为的具体情节，应体现一定的惩罚性，故二审法院依法将赔偿数额调整为100万元。二审法院对骆驼公司有关一审判赔数额过低的上诉理由予以采纳，但其要求判赔200万元偏高，二审法院予以部分支持。二审法院对梦某公司、傲某公司有关其无须赔偿的上诉理由不予采纳。

根据本案二审查明的事实，梦某公司和傲某公司在其开设的网店中均有被诉侵权产品的库存，骆驼公司要求其销毁库存的上诉请求，有事实和法律依据，二审法院予以支持。骆驼公司未提交证据证明梦某公司和傲某公司的被诉侵权行为使其商誉受损，故其有关消除影响、赔礼道歉的上诉请求，二审法院不予支持。

综上所述，骆驼公司的上诉请求部分成立。梦某公司、傲某公司的上诉请求不能成立。依照民事诉讼法第一百七十七条第一款第二项规定，二审法院判决：（1）撤销福建省厦门市中级人民法院（2021）闽02民初1829号民事判决第三项；（2）变更福建省厦门市中级人民法院（2021）闽02民初1829号民事判决第一项为：梦某公司、傲某公司自本判决生效之日起立即停止销售侵犯骆驼公司第1094142号“”、第16925772号“骆驼”、第16925880号“CAMEL”及第23020181号“CAMEL”商标专用权商品的行为，立即删除侵权标识和侵权商品链接，销毁侵权商品库存；（3）变更福建省厦门市中级人民法院（2021）闽02民初1829号民事判决第二项为：梦某公司、傲某公司自本判决生效之日起十日内连带赔偿骆驼公司经济损失100万元（含合理费用）；（4）驳回骆驼公司的其他诉讼请求。驳回梦某公司、傲某公司的上诉请求。一审案件受理费22800元，由骆驼公司负担10000元，梦某公司、傲某公司共同负担12800元。二审案件受理费25300元，由骆驼公司负担10000元，梦某公司、傲某公司共同负担15300元。

［评析］

适用法定赔偿方式可将惩罚性作为确定赔偿金额的考虑因素

本案争议焦点为适用法定赔偿方式可否考虑惩罚性因素。

受到知识产权无形性特征和当事人举证能力强弱的影响，精确计算被侵权损失或者侵权获利一直是审判当中的难点问题。同时，知识产权许可使用费也不易参照，这就造成了实践中侵犯注册商标专用权案件适用惩罚性赔偿的案件并不多，法定赔偿的适用成了确定赔偿金额的主要方式。从法律规定来说，法定赔偿与惩罚性赔偿是两种不同的赔偿方式。法定赔偿金额是在法律规定的幅度内由法院根据案件具体案情进行确定，而惩罚性赔偿金额是基于侵权人的恶意侵权，并在侵权损失及获利或者许可使用费可查明的基础上以一定的倍数确定。因为现行知识产权法律仅规定了计量性方式下的惩罚性赔偿，未对裁量性方式是否考虑惩罚性因素作出规定，所以对于在适用法定赔偿方式确定赔偿金额时能否考虑惩罚性因素，在实践中有不同看法。

有观点认为，惩罚性赔偿有广义和狭义之分。现行法律规定中的惩罚性赔偿属于狭义惩罚性赔偿，其以查明实际损失、违法所得或许可使用费为前提，因存在实际损失、违法所得难以查明和无许可使用费的现实情况，所以其在司法审判中的实际意义有限。司法实践中，适用法定赔偿时可考虑侵权人的故意、侵权情节严重等而提高法定赔偿金额，因此法定赔偿是有惩罚性因素的，能够达到维护权利人利益、阻遏侵权行为的目的，这种情况可以被称为广义的惩罚性赔偿。

笔者认可前述观点。对于严重侵害知识产权的行为，无论采用计量性方式还是裁量性方式确定赔偿金额，均可体现合理的“惩罚”，以惩罚、遏制侵权行为，依法严格保护知识产权，维护正常的市场竞争秩序。《最高人民法院关于审理商标民事纠纷案件适用法律若干问题的解释》第十六条第二款规定：“人民法院在适用商标法第六十三条第三款规定确定赔偿数额时，应当考虑侵权行为的性质、期间、后果，侵权人的主观过错程度，商标的声誉及制止侵权行为的合理开支等因素综合确定。”因此，对于侵权行为人具有明显主观恶意、侵权行为情节严重，但由于权利人未明确主张适用惩罚性赔偿或无法确定赔偿计算基数等原因不可适用惩罚性赔偿的，可结合具体案情，将侵权人的侵权故意和侵权行为情节作为惩罚性考量因素，判令侵权人在法定赔偿范围内从重赔偿，直至按法定赔偿上限赔偿。

为了维护权利人合法权益、对侵权行为予以有效惩戒，人民法院已经在一些案件中进行了有益探索，也就是在适用法定赔偿方式时考虑惩罚性因素，在法定赔偿幅度内从高确定赔偿金额。

商标法第六十三条规定：“侵犯商标专用权的赔偿数额，按照权利人因被侵权所受到的实际损失确定；实际损失难以确定的，可以按照侵权人因侵权所获得的利益确定；权利人的损失或者侵权人获得的利益难以确定的，参照该商标许可使用费的倍数合理确定。对恶意侵犯商标专用权，情节严重的，可以在按照上述方法确定数额的一倍以上五倍以下确定赔偿数额。赔偿数额应当包括权利人为制止侵权行为所支付的合理开支。……权利人因被侵权所受到的实际损失、侵权人因侵权所获得的利益、注册商标许可使用费难以确定的，由人民法院根据侵权行为的情节判决给予五百万元以下的赔偿。”虽然本案中法院调取了梦某公司、傲某公司在淘宝和阿里巴巴平台的销售数据，但由于“探险骆驼”系梦某公司商标，骆驼公司以“骆驼”作为关键字统计得出的销售金额无法精确对应为梦某公司和傲某公司销售被诉侵权产品的金额，且骆驼公司亦未举证证明该产品的合理利润率，故无法根据前述调取的销售数据直接计算得出梦某公司和傲某公司的侵权获利。鉴于现有证据无法证明骆驼公司的实际损失或梦某公司和傲某公司的侵权获利，也无涉案商标许可使用费可供参照，本案应适用法定赔偿方式确定赔偿金额。根据《最高人民法院关于审理商标民事纠纷案件适用法律若干问题的解释》第十六条和第十七条的规定，确定本案赔偿金额应综合考虑以下因素：(1) 骆驼公司及其涉案商标在户外产业中具有极高的知名度；(2) 梦某公司和傲某公司分别在淘宝和阿里巴巴平台开设店铺经营被诉侵权产品，并且在其店铺中大量使用被诉侵权标识，侵权的主观恶意明显，销售范围广，侵权情节较为严重；(3) 被诉侵权产品的售价较高，销量较大；(4) 骆驼公司为本案维权实际支出了公证费、律师费、差旅费等合理费用。骆驼公司主张本案应适用惩罚性赔偿，但未就使用惩罚性赔偿的计算基数和相关法定要件进行充分举证。但如上分析，鉴于涉案权利商标的极高知名度，在保护强度上应与品牌商誉相适应；鉴于侵权行为的主观恶意和情节严重程度，在惩戒的力度上应体现过罚相当的裁判导向。一审法院确定由梦某公司和傲某公司共同赔偿骆驼公司经济损失（含合理费用）20 万元不足以弥补骆驼公司的损失及合理开支。本案虽然适用法定赔偿方式确定赔偿数额，但在赔偿限度内基于侵权行为的具体情节，应体现一定的惩罚性，故二审法院依法将赔偿数额调整为 100 万元。

本案裁判规则的建立，完善了惩罚性赔偿适用的体系规则，彰显了人民法院加强知识产权司法保护、服务经济建设大局的力度和坚强决心。

最新立法、司法动态

公司登记管理实施办法（征求意见稿）

（2024年7月26日国家市场监督管理总局发布）

第一章 总 则

第一条 为了规范公司登记管理行为，维护交易安全，完善中国特色现代企业制度，持续优化营商环境，促进公司高质量发展，更好统筹发展和安全，根据《中华人民共和国公司法》（以下简称公司法）、《国务院关于实施〈中华人民共和国公司法〉注册资本登记管理制度的规定》、《中华人民共和国市场主体登记管理条例》等法律法规，制定本办法。

第二条 公司办理设立、变更、注销登记及相关备案适用本办法。

办理公司登记、备案，申请人应当对提交材料的真实性、合法性和有效性负责。

第三条 公司登记机关应当按照构建全国统一大市场的要求，规范履行登记管理职能，维护诚信安全的市场秩序。

第二章 登记事项

第四条 公司营业执照应当载明下列事项：

（一）名称；

（二）住所；

（三）法定代表人姓名；

（四）注册资本；

（五）类型；

（六）经营范围；

（七）登记机关；

（八）成立日期；

（九）统一社会信用代码。

第五条 设置审计委员会的公司备案董事，应当同时标明董事担任审计委员会成员的信息。

第六条 公司联络员受公司委托，负责公司与公司登记机关之间的联络工作，可以由公司法定代表人、股东、董事、监事、高级管理人员或者与公司具有劳动用工关系的人员等担任，承担相应法律责任。

公司应当依法备案登记联络员，提供联络员电话号码、电子邮箱等常用联系方式并确保通讯畅通。

第七条 有限责任公司全体股东认缴的出资额应当符合诚信原则，科学合理，由全体股东按照公司章程的规定自公司成立之日起五年内缴足。股份有限公司应当在成立前缴足注册资本。

除向社会公开募集的股份有限公司外，公司设立时无需提交验资机构出具的验资证明。

第八条 有限责任公司增加注册资本的，股东应当自办理注册资本变更登记之日起五年内缴足。股份有限公司增加注册资本的，应当在公司股东全额缴足股款后，办理注册资本变更登记。

第九条 2024 年 7 月 1 日前登记设立的有限责任公司，剩余认缴出资期限自 2027 年 7 月 1 日起超过五年的，应当在 2027 年 6 月 30 日前将其剩余认缴出资期限调整至五年内，并记载于公司章程，股东应当在调整后的认缴出资期限内足额缴纳认缴的出资额；剩余认缴出资期限自2027年7月1日起不足五年或者已缴足注册资本的，无需调整认缴出资期限。

2024年7月1日前登记设立的股份有限公司应当在2027年6月30日前将其剩余认缴注册资本缴足。

第十条 2024年7月1日前登记设立的公司生产经营涉及国家重大战略任务、国计民生、国家安全等国家利益或者重大公共利益的，由国务院有关主管部门或者省级人民政府提出意见，经国家市场监督管理总局同意，公司可以按2024年7月1日前确定的出资期限进行出资。

前款公司包括民营企业、外商投资企业、国有企业等。

第十一条 2024年7月1日前登记设立的公司存在下列情形之一的，公司登记机关可以结合公司的经营范围、经营状况以及股东的出资能力、主营项目、资产规模等进行研判。公司登记机关可以要求公司提供情况说明，组织行业专业机构进行评估或者与相关部门协商研判，认为违背真实性、合理性原则，出资期限、注册资本属于明显异常的，经省级市场监督管理部门同意后，可以要求公司依法及时调整：

（一）认缴出资期限三十年以上；

（二）注册资本十亿元人民币以上；

（三）其他违背真实性原则，不符合客观常识的情形。

第十二条 公司经营范围应当符合市场准入负面清单规定，外商投资公司及外商投资企业直接投资公司的经营范围还应当符合外商投资准入特别管理措施规定。

第十三条 公司董事、监事、高级管理人员存在公司法第一百七十八条规定情形之一的，该选举、委派或者聘任无效，公司应当自知道或者应当知道之日起三十日内解除其职务。

第三章　登记规范

第十四条　申请人可以委托中介机构代其办理公司登记、备案。中介机构及其工作人员代为办理公司登记、备案事宜，应当遵守法律法规规定，标明其代理身份并提交授权委托书，不得提交虚假材料或者采取其他欺诈手段隐瞒重要事实，不得利用代理登记、备案从事损害他人合法权益、洗钱等违法活动。

第十五条　公司法定代表人、董事、监事、高级管理人员、股东等因接受司法调查、羁押或者服刑等，无法进行实名验证、现场本人办理或者提交公证文件的，当事人可通过司法行政管理部门规定方式进行实名验证。

第十六条　公司申请住所或者经营场所登记，应当提交住所或者经营场所使用证明。通过部门间数据共享等方式，能够验证核实申请人提交的住所或者经营场所客观存在且公司拥有所有权或者使用权的，公司登记机关可以简化免收住所或者经营场所使用证明材料。

第十七条　公司申请登记或者备案事项存在下列情形之一的，公司登记机关不予办理设立登记或者相关事项的变更登记及备案。

（一）公司名称不符合法定条件的；

（二）股东出资期限、出资额明显异常且拒不调整的；

（三）经营范围涉及登记前置审批事项，不能提交审批机关批准文件、证件的；

（四）涉及虚假登记的直接责任人自登记被撤销之日起三年内再次申请登记的；

（五）滥用公司法人独立地位和股东权限责任，逃避债务，严重损害不特定多数债权人利益的；

（六）其他不符合法律、行政法规规定，或者可能危害国家安全、社会公共利益的情形。

第十八条 公司通过登记注册系统报送歇业备案所需信息的，公司登记机关应当将相关信息及时共享至税务、人力资源社会保障等部门。

第十九条 公司股东已经死亡、注销或者被撤销，导致公司难以自行办理注销登记的，可以由股东的继受主体或者投资人代为依法办理注销登记，并在注销决议上说明代为办理注销的相关情况。

第二十条 公司应当执行生效法律文书，生效法律文书涉及涤除股东、法定代表人、董事、监事及其他高级管理人员等登记备案事项的，需要依法向公司登记机关申请办理。因公司逾期未依法履行生效法律文书明确的法定义务，人民法院向公司登记机关送达协助执行通知书，要求协助涤除股东、法定代表人、董事、监事及其他高级管理人员等登记备案事项的，公司登记机关应当依法办理协助执行，在国家企业信用信息公示系统公示涤除信息。

第四章 监督管理

第二十一条 2024 年 7 月 1 日前登记设立的公司被吊销营业执照、责令关闭、被撤销或者通过登记的住所、经营场所无法联系被列入经营异常名录，导致无法按公司法规定在 2027 年 6 月 30 日前调整出资期限的，由公司登记机关纳入另册管理。

第二十二条 被纳入另册管理的公司，可以向公司登记机关申请恢复登记在册状态。登记机关对其申请进行审查，符合条件的，可以恢复登记在册状态。

第二十三条 公司登记机关对纳入另册管理的公司在国家企业信用信息公示系统上以统一社会信用代码代替其公司名称，隐去其他信息，不再按照登记在册的公司进行统计和管理。

第二十四条 中介机构冒用他人身份办理登记或者提交虚假材料登

记注册的，公司登记机关可以按照公司法第二百五十条规定，对中介机构、直接负责的主管人员和其他直接责任人员进行处罚。

第二十五条 公司只能拥有一个统一社会信用代码。公司被撤销设立登记或者注销登记后，公司登记机关应当按照规定长期保存统一社会信用代码，确保可追溯可查询。

第五章 附 则

第二十六条 本办法没有规定的事项，适用《中华人民共和国市场主体登记管理条例实施细则》等部门规章规定。

外商投资的公司登记管理适用本办法。有关外商投资法律、行政法规或者部门规章对其登记另有特别规定的，适用其规定。

第二十七条 本办法自 2024 年 月 日起实施。

最新法律文件解读丛书

稿　约

最新法律文件解读丛书是一套以为最新法律规范提供同步"解读"为主的系列丛书,分为刑事、民事、商事、行政与执行4个分册,按月出版。

本丛书以"解读"为重点,突出全、专、新、快、准等特点,通过对最新出台的法律、法规、司法解释、部门规章以及重要地方性法规进行同步动态解读,弥补了法律、法规、司法解释汇编类出版物没有同步阐释、解读内容的不足,为广大读者学习理解最新法律规范,正确贯彻执行法律文件,及时解决实践中的新情况、新问题,提供一个全方位、多层面的法律信息平台。

欢迎您向以下栏目赐稿:

【最新法律文件解读】主要是对最新颁行的法律文件进行解读,帮助司法和执法人员正确理解法律文件的立法背景、意义、重点内容、在适用中应注意的问题、与相关法律文件的衔接与互动关系等。

【司法实务问题研究】主要刊登对司法理论、实务及司法管理工作中的热点、疑难问题进行研究及评论的文章。

【新类型疑难案例选评】主要是对司法和行政执法实践中具有典型性和代表性的疑难案例,结合具体案情以及审理或处理结果进行简练精辟的点评,解析认识问题的方法、处理问题的法律依据和在个案中的具体适用。

【法学前沿与新视点】以摘要的形式刊登相关法学理论研究的最新动态及具有代表性和典型性的前沿问题,扩展法学研究的深度和广度。

【法律适用问题解答】主要针对司法和行政执法实践中面临的新问题、热点问题、疑难问题进行简要的解答,指出涉及的法律关系,明确法律适用依据。

稿件一经刊用即付稿酬,稿酬从优。

《刑事法律文件解读》　杨晓燕　邮箱:5184621@qq.com

《民事法律文件解读》　杨　洁　邮箱:1216921515@qq.com

《商事法律文件解读》　路建华　邮箱:shangshijiedu@126.com

《行政与执行法律文件解读》　丁塞峨　邮箱:1290312696@qq.com

人民法院出版社

最新法律文件解读丛书编辑部